世界各国教育发展概览
主编　杨晓钟

西安外国语大学学术著作出版专项资助

2018年德国研究与创新报告

2018 GERMAN RESEARCH AND INNOVATION REPORT

仲文　/编译

陕西新华出版传媒集团
陕西人民出版社

图书在版编目(CIP)数据

2018年德国研究与创新报告 / 仲文编译. -- 西安：陕西人民出版社，2021.8
ISBN 978-7-224-14025-5

Ⅰ.①2… Ⅱ.①仲… Ⅲ.①德国—研究报告—2018 Ⅳ.①K516.07

中国版本图书馆CIP数据核字(2021)第038696号

策划编辑：管中洑
责任编辑：王颖华
封面设计：赵文君
版式设计：李 阳

2018年德国研究与创新报告

编　　译 仲　文
出版发行 陕西新华出版传媒集团　陕西人民出版社
（西安北大街147号　邮编：710003）
印　　刷 陕西东帆印务有限公司
开　　本 787毫米×1092毫米　1/16
印　　张 5.75
字　　数 102.7千字
版　　次 2021年8月第1版
印　　次 2021年8月第1次印刷
书　　号 ISBN 978-7-224-14025-5
定　　价 29.00元

前　言

只有一个不断创新的国家才能为人民提供有质量的富裕的生活。因此我们在研究和创新方面投入的资金比欧洲其他任何一个国家都要多。我们坚定地推动关键项目的进展，如工业4.0以及微电子等。同样出于这个原因，我们也促进现代教育和培训的发展，构建具有吸引力的学科体制——以此为德国赢得具有聪明头脑的人才，并将他们留在这里。

我们的研究和创新是卓有成效的。在全球贸易里，通过研究成果产生的，超过十分之一的产品来自德国——这一点上我们与美国不相上下。德国在全球处于领先地位，但是中国在知识密集型产业上的成就，尤其是在电子移动和人工智能等方面的成就，向我们表明，我们仍然需要继续努力。

我们鼓励创新，以改善人们的生活。知识、数据和信息，人们可以越来越快地获取，数量也越来越多，这些为研究、为新的商业模式以及新的医学发展和工业发展提供了巨大的机会。我们要更好地利用这些机会。为此，我们需要科学研究和商业更加开放和透明，以及更多人的参与，但同时也需要政治和社会的勇气。我们希望开拓新的创造性合作方式，使创意更快地成为创新成果，使研究结果更快地进行实际转化。

《2018年德国研究与创新报告》提供联邦政府和各联邦州在研究和创新方面的活动信息，探讨研究与创新专家委员会的最新鉴定结果。因此，这份报告提供了德国在创新政治形势方面的全面概况，并提供了政治、科学和社会方面的重要的决策基础。

德国联邦议院议员　联邦教育与研究部长

安佳·卡丽策

目 录

第一章　联邦政府研究与创新的政治目标及工作重点

一、研究、创新、教育及科学以美好未来和生活质量为目标

联邦政府的研究与创新政策如同其教育与科学政策一样，为社会、经济和每个人服务。这项政策的目的在于，找到应对全球挑战的办法，通过良好的教育增加良好的工作市场机会，加强竞争力，并确保适应未来的工作岗位。

研究、创新、教育和科学是我们美好生活的源泉。它们为世界带来新的事物，提供有竞争力的产品和服务。我们的目标是，进一步提升德国的创新实力。

因此联邦政府寄希望于顶尖的研究者及受过良好教育的从业人员，而能够促进分析能力与创造性思维的现代教育体系及科学体系是我们可信赖的依靠。我们需要一个强大的经济，它具有适应未来的产品和服务，能够在国际竞争中立于不败之地。我们希望在一个拥有开放的心态，同时乐于改变的社会里共同进行社会和技术上的变革。

德国在欧洲和世界范围内都是领先的创新型国家，有最具吸引力的科学上的优势。然而，近年来，周边环境发生了明显变化。在全球竞争中，奋发向上的新兴国家已经追赶上了欧洲、美洲和亚洲等地的传统工业国家。中国、韩国、新加坡等新兴国家已发展成为强有力的创新参与者。与此同时，许多国家——恰恰是在欧洲——继续与全球经济危机和紧张的预算形势造成的影响苦苦纠缠。因此，根据经济合作与发展组织（经合组织）的数据来看，全球研发的公共支出整体有所下降。

不断变化的竞争格局使全球创新中心之间既定的分工变得越来越不稳定。这一发展趋势对德国提出了更高的要求：我们需要积极地适应全球创新形势的变化，以保持和扩大我们的竞争力。

鉴于德国在欧盟中的重要作用，我们更应该如此。随着英国退出欧盟，德国的

责任今后将继续加强。另外，全球化和数字化正在改变和加速创新进程。新的、有实力的竞争者正在进军全球市场，挑战老牌的市场占有者。全球竞争的压力明显增大。此外，还存在着人口发展、人口迁移、多种自然资源匮乏和气候变化等全球挑战，应对好这些挑战就是我们的使命。

为了加强德国的竞争力并找到应对全球挑战的办法，现在比以往任何时候都更需要以未来为导向来确定我们的科学地位和经济地位。毕竟，强大的科学是学术尖端成果的基础，也是“德国制造”新产品和新服务的灵感来源。因此，继续保持德国研究和创新政策的积极势头是非常重要的，研究和创新专家委员会已经证明了这一点。

通过研究和创新，联邦政府希望开拓未来的机遇，找到重大社会挑战的解决办法。在给予研究投资的地方，我们希望尽可能创造最好的框架条件。因为，在拥有尖端的科学和研究、利于创新和有竞争力的经济以及所有相关部门的合格从业人员之外，框架条件也是研究和创新体系的一个决定性因素。

只有成功跟上技术飞跃，抓住新的商业模式所带来的机遇，我们才能保持目前德国创新模式的优势。同时，联邦政府必须进行变革，以利于可持续发展和环境保护，给予消费者和数据适当保护，不对自由竞争施加影响，并促进社会参与和就业。获得更多创新成果的另一个重要条件是，在科学、研究和创新方面，能够更成功地使以前不具代表性的群体变得强大起来。这样，就可以更好地利用不同群体带来的机会（以获得更多的创新成果），例如，女性在科学、研究和创新方面的参与。

特别是中小型企业，可以而且必须将其为工业及知识型服务业提供新的、良好的工作岗位的潜力开发出来。德国的创新率——即企业在一定时期内推出新产品或新工艺程序所占的份额——下降表明，创新活动在不断集中化，因为创新支出一直是在显著上升的。技术的飞速变革以及日益重要的数据可能成为一些行业进入市场的壁垒，从而成为创新的障碍。

技术型企业，如果其商业模式以（比如用户的）大数据的收集及评判为基础，可能获得垄断地位。而一些新的小公司获得新的原材料“数据”的机会有限，进入市场可能会受阻。研究与创新专家委员会也在其 2018 年的评估报告中做出了这样的“诊断”。为了增加获得全新的创新产品和服务的机会，联邦政府将在今后几年加紧努力，扩大创新基础，提高创新率。

联邦政府在联盟协议中确立了一个雄心勃勃的目标，即与各联邦州及经济体一起，到 2025 年，将国内生产总值的 3.5% 投资于研发。它向学术界和商界的伙伴发出了一个明确的信号，要走合作发展这条道路。因为要保持科学和创新的优越地位，即使在未来，也一样需要学术界和商界对研发工作的大力支持与参与。除了学术尖端成果之外，对于创造精神和创业勇气给予尊重和鼓励，以便创造性的灵感能够应用于现实，尽快造福于人类。建立一个开放的创新文化将会对此做出重要贡献。

已经提出的措施由相关部门负责，由他们在现行的预算和财政计划（包括条例及计划条例）框架内提供资金。对于那些尚未列入计划或在联盟协议中没有被描述为“优先”的措施，通常只有在出现额外的财政收入或从相关的个别计划中获得相应的长期的反融资，才有可能实施。

二、借助高科技战略为更强大的竞争力和更优质的生活凝聚力量

高科技战略在政府每届议会任期开始就与研究与创新的提升跨部门地绑在一起。它将联邦政府的研究和创新政策行动的重点放在优先行动领域和社会优先议题上。自2006年以来，它在巩固强化德国在全球竞争中的地位，为促进创意转化为适销对路的产品和服务创造外部环境方面，做出了重要贡献。

高科技战略的总体战略方针不仅在德国，而且在国际上也被视为一个成功的例子。因此，像《地平线2020》等框架方案也采取了类似的做法。研究与创新专家委员会也再次证明，高科技战略是研究和创新体系的良好管理模式。过去几年的成果显示：对研究与创新的投资是卓有成效的。在过去十年中，联邦政府将用于研发的支出增加了68%，2016年达到156亿欧元。《欧洲2020》战略与经济界一起，几乎已经达到了将国内生产总值的3% 投资于研发的目标。因此，教育、科学和研究不断得到加强。

如今，德国已成为一个极具吸引力的研究和创新之地。这一点已被研究与创新专家委员会所证实。还有许多指标也证明了这一良好的发展态势：

2016年，共支出922亿欧元用于研发的实施。世界范围内，德国是研发最密集的十大经济体之一。

2016年德国研发支出占国内生产总值的份额达到将近3%，研发支出比例高于美国，也远远超过欧盟的平均水平。根据目前的估计，2016年欧盟28国的研发强度平均为2.03%。在欧盟内部，只有瑞典和奥地利的研发强度高于德国。

近年来，从事研发的人数急剧上升。2016 年，在德国有超过 65 万人（全职专业人员）在研发部门工作。2015 年，有超过 4.3 万名外国科学家在德国高校就职。

2016 年，德国企业的创新支出达 1588 亿欧元。其中工业占了四分之三以上。与上一年相比，创新支出整体增长了 2%。从整个欧洲来看，没有哪一个国家的创新支出像德国这样多。创新支出的增加不仅是由大公司推动的，也是由中小企业推动的。2016 年，员工不足 500 人的中小企业在创新活动上的支出超过 360 亿欧元。

2016 年，德国经济通过产品创新实现了 7190 亿欧元的销售额，比上年增长约 3%。

近年来，德国的科学出版物数量持续上升。按照经合组织的出版物优秀率(即在世界上被引用最多的出版物中，一个国家的科学出版物所占的份额)，德国的科学出版物显示，在 2006 年至 2016 年期间，该比率从 11.2% 提高到了 12.2%。

2015 年，与世界市场相关的专利，德国每百万居民平均就有 371 个。因此，按人口比例来讲，与美国相比，德国与世界市场相关的注册专利几乎是美国的两倍。

从对创新的广义理解上来讲，联邦政府在高科技战略里支持公益性创新和非技术性创新，也就是说，支持公益性创新和社会性创新，以及新的商业模式和流程创新。与公益创新一样，社会参与在高科技战略的继续发展与转化方面占据中心位置。数字技术开辟了新的可能性，并在社会政治对话中确立了新的标准。联邦政府延续了在研究和创新政策方面对话的传统，并以新的参与形式不断地扩大对话。

1. 为巨大的挑战找到解决方案

> 通过高科技战略，联邦政府确定了研究和创新的优先任务，它们集中在六个领域，这些领域的发展可以在德国实现增长、繁荣经济和提高生活质量的目标，并使德国在国际竞争中占据创新优势。同时不仅达到技术创新，而且启动社会变革进程，使服务创新与公益创新等得到发展和开拓。未来的六大优先任务是:“数字化的经济与社会”“可持续发展的经济与能源”“创新性的工作世界”“健康的生活”“智能流动”和“国民安全”。

(1)数字化的经济与社会

数字化几乎在生活和经济的所有领域都发挥着作用。它具有巨大的潜力可供创新开发利用。研究与创新专家委员会在最新意见中，也指出了数字化所提供的机会。

对于德国创新实力的发展来说，将数字技术纳入经济和社会需求领域至关重要。无论是在数字化医疗技术、自动驾驶还是工业 4.0，未来具有竞争力的人才必须具备的能力包括：从大量数据中生成知识和创造价值、构建可靠高效的交流系统，在工作过程中利用和运用直观的学习系统。

联邦政府正在积极地推行数字转型，力求做到一体化和具有前瞻性。同时，联邦政府密切关注例如在消费者权利和数据安全领域的挑战，以及数字变革是否以及如何影响女性和男性(可能因男女不同)的生活和工作的问题。我们正在寻找将挑战转化为机遇的解决方案。因为研究与创新专家委员会在最新的意见中强调，尽可能自由地采集数据，对于新的商业模式来讲，是非常重要的。

我们与科学界、经济界和社会一道，处理我们如何在数字化网络世界中生活、学习和工作的问题。通过《数字议程》，联邦政府为扩大数字经济和塑造数字化生活环境提供了决定性的动力。

为了使德国成为创新数字产品和服务的领先供应商，联邦政府正在大力推动重要领域的发展。

面向未来的技术和商业模式：联邦政府大力开发大数据的新的分析技术及其作为“智能数据”的应用，促进创新的信息和通信技术以及网络化工业生产技术——例如，灵活快捷的物流和服务机器人、3D 打印和 3D 图像处理。技术与其相关的机会的广泛结合是促进研究发展的一个核心要素。产品或生产与高质量、知识密集型服务的结合是另一个关键要素。

科学、经济、社会和政治之间的稳固同盟：由联邦政府创建的工业 4.0 平台，在国际上也公认为成功的典范。来自 160 多个机构的大约 300 人正在做着努力，对价值创造链的先进数字化加以利用，打造新的智能与知识型的生产环境。新的“学习系统”平台旨在促进德国人工智能的研究、开发和利用，并配合联邦政府与合作伙伴及公众进行对话。

中小型企业工作和生产流程的数字化：对于中小企业和手工业企业来说，在改进生产流程和制造工艺或创新数字商业模式方面，进行数字化转型具有巨大的潜力。联邦政府支持中小企业的数字化转型，主要侧重于实际应用方面，例如“工业 4.0 参考架构模型”（RAMI 4.0）、弗劳恩霍夫促进应用研究协会的工业数据空间，或德国国内资助计划“启动数字化”项目等。

如果德国在机械制造和设备制造以及工业机器人方面的优势转移到数字辅助系统市场获得成功，德国就可以在此发挥先锋作用。德国将成为数字辅助学习和工作的主要市场。因此，将启动“中小企业辅助系统”的应用计划。

联邦政府还在处理数字化世界中出现的新的法律、伦理和社会问题。小麦树网络社会研究所，即德国互联网研究所，正在寻找这些问题的答案。它对互联网和数字化进行的全面和跨学科的研究，为经济、社会和政治提供了重要的方向性知识和行动指南。联邦政府对弗劳恩霍夫研究所的公共信息技术中心 FOKUS 进行资助，该中心监测和分析各种趋势和技术发展，为政策及管理层的负责人综合评价当前数字政策问题及其社会影响，阐明政治和公共行政的行动选择。

联邦政府的“开放—获取—战略”将有助于更快捷地交流科学信息，提高研究成果的透明度。联邦政府已经开始资助创新的“开放—获取—战略”项目。联邦政府以“国家行动计划—公开数据”表明自己广泛公布行政数据的意愿。将这些数据用于数字创新，从而唤醒数字开创精神，是“现代性基金”的中心目标之一，该基金主要用来促进基于数据的创新项目。为进一步提高行政数据透明度，联邦政府在 2017 年 7 月生效的《第一项法律》中对《电子政务法》做了修订。

(2)可持续发展的经济与能源

联邦政府凭借高科技战略，以可持续发展作为追求的理想目标。在努力创新的过程中，我们时刻关注着我们对后代的责任。为此，我们致力于使我们的生产条件和消费行为更加节约资源、更加有利于环境和气候，以及更加容易为社会所承受。

联邦政府赞成这样的环境及气候政策，它将保护地球和持续降低温室气体排放，与经济成就和社会责任富有成效地结合在一起。我们主张环境和气候政策应该是高效率的、技术开放和支持创新的，我们与社会伙伴共同制定这样的政策。

联合国的 2030 年全球 17 个可持续发展目标以及 2015 年《巴黎气候保护协议》，构成我们的国际行动框架。研究与创新专家委员会在最新的意见里确定，创新必须而且能够为可持续发展目标做出重要贡献。因此我们将继续为这一领域的创新全力以赴。

联邦政府的《气候保护计划 2050》阐明了实现国际、欧洲及德国的气候保护目标所采取的具体解决办法及过程。与 1990 年相比，这份计划包含了到 2030 年在所有领域减少温室气体排放的目标通道。目前，第一个时间截至 2030 的行动计划正在制定中，其中包括一项技术开放的研究项目，此项目应给德国经济提供新的创新动力。

以放弃利用核能和继续拒绝化石(生成的)能源的能源转型是一项极具雄心的任务，要想成功地实现它，就需要政治、经济、科学及文明社会的紧密合作。为了保证德国持续的能源供应，首先科学和研究责无旁贷，它们必须为此打下必要的基础并达到技术上的突破。联邦政府在 2011 年以《第六项能源研究计划》已经为这项未来的项目制定了时间表。基于能源效率和可再生能源的创新技术和解决方案，是研究和开发的重点。只有这样，才能使今后我们的能源供应转变为无害环境、可靠的并且负担得起的方式。继续保持德国工业具有竞争力的强势地位，是能源转型的一个重要支柱。

联邦政府继续对能源研究进行资助。为了给一项新的能源研究项目做准备，在2017年，联邦政府与研究机构、协会、企业、各方利益代表以及社会活动家进行了协商。各个联邦州也表达了他们对这项能源研究项目特殊的地区性的需求。经济、政治及研究方面的专家在能源转型“研究与创新”平台及能源研究网上进行了对话，这也给能源研究注入了活力。这些内容在“能源研究”德语网站上都有记录。

协商过程中一些话题尤其引人注目，它们在近些年将会决定能源领域的发展：通过可再生能源的使用达到气候保护、能源效率、领域对接和数字化。随着加入能源体系的供给及需求研究方面的专家人数不断增加，社会科学方面对能源领域的研究，如关于承受性，也成为重要的观点。重要的建议还有：鉴于全球能源转型加大出口力度，以及改善新的小型企业在研究资助上的参与。能源研究政策的一个重要的创新是建立“实体实验室”。它在实践转化方向上对应用研究进行了补充。在新政策的指导下，新的技术、流程及商业模式可在系统的共同运作中得到检验。这样，新能源技术的实践转化过程中的技术性及非技术性壁垒可得以消除。

数字技术和现代生物科学带来的可能性，支持我们走向可持续发展的经济和生活方式。联邦政府在研究方面采取三项主要举措，处理这一领域的重要社会任务和政治优先事项，即：绿色经济、未来型城市和能源转型。联邦政府正在汇聚其研究力量，努力实现可持续性发展的转变，以及无害环境、可靠和负担得起的能源供应，其中包括如原材料战略、能源研究方案和国家研究战略“生态经济 2030 年——我们的生态经济之路”等。通过《可持续发展研究——框架方案》，可持续性研究更深入地进入到社会讨论之中，因此与可持续发展更加密切相关。科学平台“2030 年可持续发展”旨在科学地反映可持续发展政策并提供创新动力。该平台鼓励学者参与社会、企业和政治的对话从而获取灵感，提出新的解决办法，确定进一步的研究需求。

生产和消费的转变是整个社会的任务，需要有系统的观念和所有人的参与。因此联邦政府大力拓展平台，使来自科学、经济、社会和政治的各界代表共同为可持续发展的经济方式提供活力。如：未来城市创新平台、绿色经济转换平台、国家可持续发展教育平台、能源转型研究论坛、能源转型研究和创新平台等。研究与创新专家委员会在最新意见里对这种不同社会群体的共同参与极为推崇。

在“哥白尼项目”中，联邦政府将经济、科学和社会的重要力量与10年的长期观点结合起来，目的是为能源系统的转型制定可持续的解决方案。

我们将促进自然规律的运用，并与经济、科学和社会各界合作，制定一个“从生物学到创新”的跨部门议程。我们还希望促进新材料和智能的、可编程材料的开发。在能源和气候的研究方面，我们希望与企业界和社会人士一起探索系统的解决方案，特别是在电力—流动—热力的部门对接方面。对于地球系统的研究，我们同样希望可以这样做。

前瞻性解决办法必须考虑到气候变化、人口变化、社会和文化的变化以及因为这些变化引起的、变化了的要求等。由于基础设施也会对人类使用环境商品产生重大影响，它们应该越来越成为绿色经济的重点。

（3）创新性的工作世界

我们的工作方式正在迅速改变，工作世界正在发生根本性的变化，全球化经济的服务定位和互动增值的特点越来越鲜明。通过数字化产生了新的工作组织形式，也改变了职业的特点和职业图景。

联邦政府把在社会伙伴的参与下，继续积极建设数字化视为自己的责任。联邦政府工作的核心是不断变化的工作世界中的人。没有训练有素的专业人员，明天的工作世界是不可想象的。数字技能日益成为成功的教育和成功的职业生涯的基础。研究与创新专家委员会建议：扩大发展数字教育，并大规模提升使用数字技术的技能。特别是要考虑到妇女和年轻女性的参与，因为她们在数字化的工作世界中仍然是不具有代表性的群体。

联邦政府促进数字教育、数字技能的传播以及通过数字媒体进行学习。它还支持，如在《职业教育4.0提案》框架内，在进行专业资格教育及继续教育时继续为数字化工作世界提供帮助。因此，继续教育极为关键，它使员工能够应对数字工作世界的挑战，并满足变化越来越快的技能要求。联邦政府将与所有专业人士一起为工人和求职者拟定一个“国家继续教育战略”，以便将国家和所有联邦州的培训方案捆绑在一起，并创造一种新的继续教育文化。

此外，联邦政府还支持企业——特别是中小企业——建设明天的工作世界。《为明天的生产、服务及工作创新》的框架方案中，“工作的未来”项目就是服务于此目的的。通过我们的“工作的未来”项目，我们希望回答如何利用新技术使工作更有意义这一问题。为此，我们希望在各地区工作研究中心促进有关新工作形式的模式化发展，这包括面向未来的专业化方案的开发，因为数字技能和数字适应能力正在日益成为公司和员工不可或缺的资质。我们希望与各地区的未来中心一起，在这方面给中小企业提供支持。联邦政府与斯图加特的“未来工作实验室”一起，积极筹建一个展示未来的生产工作的重要中心。通过欧洲学习基金资助的“公司价值：人⁺”项目，我们在中小企业推广流程咨询，以便为数字转型开发量身定制的解决方案，并测试创新的工作理念。

随着工作世界的变化，人们的观念也在发生变化。许多人希望能够工作和家庭责任兼顾，而数字技术正在创造新的机会。联邦政府致力于利用这些机会。联邦政府希望为家庭开辟各种途径，让人们彼此有更多的时间在一起。我们将开发为家庭创造更多相聚的时间的参考模式。数字化可以通过灵活机动的工作方式提高员工的时间自主权。因此，联邦政府希望促使工作灵活机动而轻松，并将为此建立一个法律框架。

在“2018 科学年”里，“未来的工作世界”是重点话题。联邦政府将与众多合作伙伴一起，以各种形式展示技术创新和社会创新如何对未来的工作产生影响，这些创新不仅会改变日常工作，而且也为社会政治对话设立了新的标准。“2018 科学年”有意识地涉及了“未来的工作世界”的各个方面：从研究和教育、企业、工人、组织和个人，到工作地点和工作时间。这种做法为改变观念创造了空间。按照“经历、学习、构思”这一主题，“2018 科学年”呼吁公民参与进来，提出新的问题，比如对成功的人机交互出现的众多可能性和想法、对人际关系、灵活的工作、传统和未来或智能办公楼诸如此类的话题提出问题，并共同寻找解决方案。

为了持续加强社会政治和法律的研究基础设施，联邦政府计划扩大“跨学科福利政策研究资助网络”。我们成功启动了研究资助，并希望继续推行并扩大以教授职位、项目及后备力量为主线的此项工作。

(4)健康的生活

健康是最宝贵的财富，也是个人和社会福祉的最重要因素。德国人的预期寿命和财富水平均较高。因为预期寿命的提高，人口中常见病和多发病随之增加，这对卫生系统构成重大挑战。

另外，还必须应对与气候变化有关的挑战，例如解决非本地病原体及其携带者和过敏原带来的问题。这需要建立适当的监测以及引入诊断和治疗。与此同时，随着对医疗服务和创新医疗应用的需求不断增长，德国医疗经济在德国和国际销售市场上，也会获得许多机会。

联邦政府在《卫生研究框架方案》中汇集了各种行动措施，这些措施旨在促进对健康积极和自主的生活的研究。该方案的重点是防治各种常见病如癌症、心血管循环疾病、代谢疾病、肺和神经的退行性疾病，以及防治传染病和罕见疾病。预防和早期发现，或预防以及获得医疗和医疗产品是长期健康生活的重要组成部分，因此要大力推进。

个性化和数字网络医疗是医疗进步的关键性驱动因素。医疗数字化是未来几年医疗面临的最大挑战之一。联邦政府为医疗事业的发展已经确定了道路，《个性化的医疗行动计划》确保发挥创新的量身定制的医疗和诊断的潜力。生命科学和信息技术的联网，得到了《医疗信息资助方案》的支持，因为医疗服务的数字化的机遇以及风险和挑战是巨大的。未来的战略目标是研究和开发在医疗保健领域中电子保健和大数据的使用。

德国应成为医疗系统引入数字创新的先锋。联邦政府将为发展和实施创新的电子保健方案制定路线图。

联邦政府将继续扩建远程信息处理基础设施，并在本届任期内为所有参保人员推出电子病人档案。我们希望为数字应用建立新的审批方式，加强医疗领域的数字安全。我们将对远程治疗的限制性规则进行检验。我们希望通过数字化进一步发展护理业，使护士和需要护理的人都能更好地利用信息技术和通信技术以及新的技术应用，护理人员——主要是妇女——的工作条件可以因此得到改善。技术辅助系统也有助于人们更好地协调护理和工作，在远程信息处理基础设施上的护理也包括在内。远程医疗服务的应用和费用结算有待扩大。确保数据存储符合数据保护的严格要求，存储的数据是患者的个人财产。

为了病人的利益，更快地使用新知识和创新产品仍然是联邦政府的战略目标。为此，来自大学和非大学研究机构以及各部门的研究机构的杰出科学家在德国六个健康研究中心开展了跨学科的合作。把研究成果从基础研究转移到临床应用也是柏林健康研究所的目标。保尔·爱里希研究所和联邦药品和医疗器械研究所也与他们研究所里的创新办公室一起为健康研究的转化提供特别支持。设在联邦预算联合委员会的创新基金将进一步推进新医疗护理形式和护理研究。《医疗技术专业方案》，特别针对护理需要，支持以中小企业为主的行业为了患者的利益，更快地把创新转化为产品。

(5)智能流动

人口的流动性是经济繁荣和社会参与的重要先决条件，因此也是公民生活质量的关键因素。联邦政府追求的目标是制定可持续流动模式，同时减少排放和保护环境，加强德国经济的竞争力，并使所有人都能受益。

以可替代能源发动机装备的交通工具，特别是电动汽车，是以保护气候为目的的交通转型的关键性技术贡献。因此，通过国家平台“电动汽车”，联邦政府正在加强工业、科学、政治、工会和协会之间的战略对话，并希望将这一平台转变为国家平台“流动的未来”，该平台也继续关注汽车行业的进一步发展。为了进一步提高电动汽车的能源效率和行驶里程，联邦政府将资助重点放在电池研究、充电基础设施和电网整合以及开发节能的整体车辆方案这些方面。此外，我们希望通过不同运输方式之间的衔接优化，来提升流动效率。例如通过门对门的乘客信息和票务衔接，形成尽可能无缝的旅行链，以及通过在公共交通—共享汽车—自行车的衔接上促进前瞻性的项目等。在智能流动体系的开发中，车辆的自动化和网络化也至关重要。这是《自动化和网络化驾驶战略》的目的，也是“新车辆和新车辆系统技术”项目以及联邦政府的其他相关专业方案的目的。

德国是安全和可持续流动解决方案的创新领导者。未来对流动性的需求是保护环境的设计和各种运输方式及车辆的网络化，开发新的车辆和动力系统，以及开发各种运输方式的可持续燃料。目标是进一步发展成为一个智能的整体系统。现代信息和通信技术、实时车辆联网的技术解决方案以及有关网络安全和数据保护的问题将在这方面起到重要作用。另外，联邦政府正以《太空旅行在行动!》的提案，利用卫星导航和通信应用技术，促进未来的流动性。

德国将抓住数字创新的巨大机遇，实施自动化和网络化驾驶。运输系统的数字化，除了对运输技术的大量投资外，还需要提高信息和通信技术。我们希望启动一个流动研究项目，其中包括对自动车辆的研究。为了使自动车辆在公共场所以合法的方式进行测试和使用，我们将制定实验条款或豁免条例。到任期结束时，我们将为全自动的车辆设立法律条件。我们希望在自动系统（如自动驾驶汽车、机器人）投入使用时，对责任规定进行测试，目的是在必要时弥补责任差距。我们希望继续卓有成效地建设“数字测试场高速公路”，支持建设道路（特别是在城市）、铁路和水路的数字测试场。我们准备测试有效的政策框架条件，使自主驾驶的潜力能够对城市可持续发展产生影响。

(6)国民安全研究及信息技术和网络安全研究

确保安全和自由对我们的社会至关重要。无论是在能源供应、信息和通信技术还是交通和运输等关键基础设施中：技术安全以及复杂的系统和基础设施的顺利关联在我们的日常生活中发挥着越来越重要的作用。即使是轻微的障碍也会造成供应短缺和巨大的经济损失。自然灾害、世界各地活动的恐怖主义和有组织的犯罪是其他风险因素。

为了保护德国公民的自由生活方式，联邦政府通过《国民安全研究框架方案》促进全面的安全保障。联邦政府还强调，必须有一个高效和富有竞争力的德国国民安全行业，并制定了加强这一行业的战略。

随着数字化程度的提高，对数字基础设施和服务的安全性、可信度和可靠性的要求越来越高。呈指数级增长的数据量为我们带来了巨大的知识收益，但它们也造成了新的风险，特别是对信息自决权这一基本权利而言。

联邦政府将信息技术和网络安全视为德国和欧洲创新和增长的核心要素。这一点可以由研究框架方案《自主确定和安全的 2015—2020 年数字世界》来证明。该方案是跨部门一揽子措施，是德国制定的安全和创新的信息技术解决方案。还有确保国民安全的《德国网络安全战略》以及 2018 年上半年签署的谅解备忘录的一部分，也可以证明这一点。谅解备忘录里阐述了与法国在信息技术和网络安全研究领域进行密切合作的设想。

在数字世界中安全和独立地行动是以安全保障设置和有效的工具为前提的。科学和研究可以为此做出决定性贡献。三个强大的网络技术安全中心位于达姆施塔特、卡尔斯鲁厄和萨尔布吕肯等地，这三个中心有主题有组织地关注最重要的网络技术安全挑战。例如，这些中心研究在网上支付的加密方法或消息的发送、安全云计算以及大型系统的整体安全解决方案。我们致力于维护和扩大这些中心。我们希望将网络技术安全中心进一步发展成为国际上有名望的研究和咨询中心，尤其是要面向技术导向的创业企业。科学、商业、安全各机构和相关从业人员应该共同合作。为了保障网络化世界的安全和秩序，我们正在启动一个新的国民安全研究框架方案。

2. 拓展创新

德国创新进程的特点是活跃的合作及网络文化。科学、经济和社会之间的密切合作是我们创新体系的关键优势之一。通过“高科技战略”，联邦政府促进跨主题和跨学科的交互研究以及整个创新链的思想、知识和技术之间的转化。经典的转化结构正在扩大，以创造新颖、开放的合作形式。转化是我们研究与创新体系的核心支柱，我们将持续增强、大幅提升这一转化。

(1)强化网络联系

在已经取得的成就的基础上，联邦政府的目标是进一步汇集科学和经济方面的现有优势，从而释放出新的力量。我们非常重视特别是有中小型企业参与的集群和网络，并促进其产生。因此，近年来，科学与企业之间的网络化联系已明显加强。

在“顶级集群竞争”中产生的顶级集群、“研究校园”“中小企业网络联盟”“中小企业创新论坛”“集群行动”方案中的创新集群、跨行业倡议如“创新空间”以及由许多中小企业主导的“中小企业核心创新计划”网络是各种高效区域伙伴关系的典范。

同样在“工业合作研究”网络中，联盟产生协同作用，从而保证与工业相关的研究取得成功，特别是对中小企业的研究。借助于机器学习网络或“未来工作实验室”，科学界和企业，特别是中小企业，应更好地相互联络，相互学习。

(2)发掘高校与经济、社会合作的潜力

联邦政府与各州的《创新大学》方案，除了研究和教学之外，还将“转化与创新”作为大学的第三个使命予以关注。联邦政府和各州政府将在为期10年的两轮任期中提供高达5.5亿欧元的资金。联邦政府和各大学所在州按90∶10的比例提供这些资金。这个正在进行的方案，是以联邦政府与各联邦州根据《基本法》91b条签订的协议为基础的。联邦教育与研究部承担所有与方案直接有关的支出，各联邦州负责各应用科技大学研究基本设备的资金。应用科技大学和中小型大学是这一方案特别关注的重点。目前，有48所大学得到了19个单项项目和10个联合项目的资助，其中有35所应用科技大学、1所艺术与音乐学院以及12所综合大学和师范大学。这个方案的目的是使大学能够加强其在区域创新体系中的战略作用。因此，《创新大学》方案采纳了各方面的建议，如研究与创新专家委员会的建议，以促进大学的文化变革，更好地利用知识，制定转化的战略并持续进行下去。

通过促进《应用科技大学与工企业的研究》项目，联邦教育与研究部支持应用科技大学与工商业企业合作进行研发项目。这样，科学和经济之间能够建立长期的研究合作，创新的解决方案可以与合作伙伴共同开发和实施；同时，应用科技大学的研究技术框架条件可以得到优化。因为合作公司必须参与项目的支出，从而显示出他们对研发项目的浓厚兴趣。

今后，联邦政府将把研究资助的重点更多地直接放在思想、知识和技术在经济领域的转化上。在选定的研究领域，将为研究和科学机构与经济界的合作提供强有力的激励措施。

(3)缩小创新差距，加速创新扩散

更快地将科学创意转化为创新产品、创新服务和社会创新，研究成果的早期验证具有决定性的意义。因此，促进研究成果的早期验证是联邦政府的一个重要关注点。促进措施《验证科学研究的技术和社会创新潜力—VIP+》正好着眼在这里。凭借这一措施，联邦政府有效地弥合了所有科学学科的研究与其在经济开发或社会应用之间的差距。其中创新概念被拓展，技术创新和社会创新得到同等对待，奠定了创新研究的基础。

借助《通过专利和标准进行知识和技术转化》的措施，联邦政府促进公共研究，支持企业与市场相关的新技术的专利化和应用。联邦政府还支持为设立标准化而进行的创新的研发项目，并促使其迅速地在市场扩散。除了《通过专利和标准进行知识和技术转化》之外，还可以选择进一步开发仍远离市场的受专利保护的技术，例如创建原型标准或功能模式。

(4)通过国际化加强创新力量

与欧洲和国际进行研发合作为创造价值提供了巨大潜力。因此，联邦政府对拓展大学、研究机构和企业与国际伙伴之间的合作进行资助。

已经发布的与国际伙伴建立网络联系的国家资助方案，为德国中小企业提供了开展更密集的对外活动的跳板。《顶级集群国际化、未来项目和比较网络》的措施将特别为中小企业提供机会，以建立国际伙伴关系。我们的合作伙伴遍布全世界，国际研究和创新的第一批项目已经开始推进。随着“中小企业核心创新计划”的进一步发展，德国中小企业的国际合作受到了更多的激励。通过“中小企业国际化”项目，联邦政府鼓励中小企业在欧洲和国际合作及经济关系中获得更多的增值潜力。

(5)建立开放的创新文化

我们希望创造一种创新文化，促进创意的产生和创新理念的快速转化。我们愿意助推开放创新的方法、社会创新、学科间和跨学科的创新学科，并建立实验室来测试创新的技术体系和新的商业模式。为此，联邦政府将进一步加强从基础研究向应用的转化，并支持创新进程的启动。研究与创新专家委员会还建议进一步加强基础研究，将其作为创新的重要来源，并依靠思想、知识和技术的转化进行基础研究。在示范项目和创新实验室中，企业应尝试向外部知识开放，让新的专业人员参与到创新过程中来。

为此，联邦政府将在“顶级集群竞争”基础上，制定未来的集群方案，扩大“研究校园”，助力研究机构、企业及创业企业建立新的合作模式，并将所有措施合并为一个鲜明的品牌。

为了保持长期的国际竞争力，联邦政府将促进德国跨越式创新。作为对联邦政府富有成效的资助行动的完善，应为此创造一些新的工具。这样，就可以把为新的产品、服务和商业理念打基础的，具有巨大潜力的优秀研究成果转化为实际应用，创造价值并产生社会效益。研究与创新专家委员会赞成为跨越式创新设立一个新的机构，联邦政府已经在进行密集的筹划。

3. 增强经济创新动力

企业是创新的关键参与者。高科技战略对它们给予了特别的关注。与其他国家相比，德国经济具有高度的创新导向。通过高科技战略，联邦政府正在力争扩大这一优势，并在全球化和数字变革带来的日益严峻的挑战面前继续支持德国企业。

(1)增强中小企业创新能力，挖掘关键技术潜力

在创新经济中，中小型企业得到了联邦政府的特别关注。数字化、经典价值创造链的改变和全球化使中小型企业面临重大挑战。由于全球竞争和新的国际分工，大公司的创新支出显著增加。2016 年，德国经济的创新支出，除研发项目支出外，包括购置设备和软件、建设、设计、培训或市场启动的费用，增长了 2%。2016 年，大公司的创新支出平均增长了 2.1%，而中小企业的增长率仅为 1.6%。与此同时，创新率——即在一定时期内企业推出新产品或新流程的所占的比例——已经数年持续下降。尽管 2016 年再次小幅上升到 36.1%，但这一发展趋势必须得到重视。这也是因为新技术、新的商业模式和新的生产格局造成的适应压力在增加。

为了使中小型企业适应日益激烈的国际竞争，吸引更多的中小企业参与创新，联邦政府研究与创新的资助在不断向中小企业倾斜。此外，联邦政府还在不断为中小企业制定新的创新政策工具。

联邦政府以方案《从创意到市场的成功》伴随着企业的创新周期。公司的不同阶段的需求都以合适的方式获得了满足。在四个项目系列中，即创新型创业、公司创新技能、前竞争研究以及与市场相关的研发项目的创新产品和流程都可获得资助。这些项目是主题开放和技术开放的，这样，公司可以自主决定他们投资哪种技术。

除了要求高的个别项目外，“中小企业核心创新计划”还特别支持中小企业和研究机构一起进行的合作项目和网络项目。以市场为导向的中小企业的研发项目是其资助目标。通过增加资助经费、放宽较大的中型企业申请资助的资格，以及将国际项目的资助奖金增加到 10%，“中小企业核心创新计划”的预算大大提高。

除此之外，《中小企业优先》的十点方案也采取措施从四个方面激发中小企业的活力。这也就是该方案的目的，即增加中小企业对研究资助的专题专业方案的参与，建立中小企业与其他公司、大学和研究机构等强有力的伙伴的网络联系，保障其专业技术人员和技能需求，并改善其框架条件和简化资助程序。重点是在中小企业中

广泛传播和利用研究成果和解决办法范式。除了拓展卓有成效的融资举措如“中小企业创新”之外，新的专题开放的供资形式，如“中型企业创新论坛”和“中小企业—网络中心”为加强中小企业创新导向做出了贡献。

联邦政府支持中小企业将关键技术广泛应用于新产品和新服务。“中小型企业创新”这一资助项目使他们能够以量身定制的方式进入特殊专题的专业方案，并且首先吸引具有尖端研究的中型公司。在专业方案中申请研究和开发项目方面没有或很少有经验的中小企业，也可通过其入门级模块获得帮助。“中小企业创新”资助项目约占联邦教育与研究部中小企业资助金额的四分之一。

研究与创新专家委员会赞成将税收引入研究资金，以加强研发活动，特别是中小企业的研发活动。联盟协议已经同意将税收引入研究和开发资金。联邦政府目前正在研究如何在中小型企业将税收引入研究和开发资金。联邦政府还在继续资助特殊技术和技术开放的项目。

(2)发掘结构薄弱地区的创新潜力

联邦政府通过其创新政策工具，正在帮助结构薄弱地区开发现有的创新潜力，从而为基于创新的结构变革开辟新的前景。

联邦政府将五项措施统一纳入“企业—区域”项目里，针对创新过程中的不同点，促进特殊技术、科学和经济能力在新联邦州的发展和扩张。与此同时也会考虑到东德地区研究格局的结构特点。《2020——创新伙伴关系》这一项目支持超出东德地区的网络化的创新结构。到 2021 年，10 个选定的跨学科联合会各将获得 4500 万欧元，以执行其战略计划；所有这些跨学科联合都会向德国各地的新伙伴开放。

在“企业—区域”项目积极经验的基础上，联邦政府正在制定新的支持方案《创新与结构变革》，其目标是东德和西德结构薄弱的地区。《通过创新进行区域变革》是目前在方案框架内执行的第一个筹资项目。它支持广泛建立的区域联盟，这些区域联盟为其区域制定和实施创新的战略方案。该项目作为一项试点，目前只限于东德地区，拥有 1.5 亿欧元的资金。

非营利性工业研究机构的研发资助项目——《创新能力》也向德国各地结构薄弱的地区开放。工业研究机构负责向中小企业提供研究成果。

(3)促进创建企业

创建企业是更新创新体系的重要动力。年轻的公司挑战众所周知的成功模式，并迅速将创新技术转化为成功的商业模式。在德国，柏林和慕尼黑等大都市正在吸引来自世界各地的创业者。尽管如此，德国的创业动力仍然太低，特别是女性。因此，联邦政府正在重新调整促进创业的政策。高科技战略显著加强了对科学创业计划的支持。

为此，联邦政府扩大了《生存—创业者奖金》和《生存—研究的转化》计划。此外，还发起了一场全国性的“创业竞赛—数字创新”。现在，每年会增加200至250个新的“生存—创业项目”。非大学研究机构也在通过一系列措施加强机构的创建文化。“德国加速器”起初的作用是德国在美国初创企业的跳板，2018年3月调整后，也成为德国初创企业在东盟地区的跳板，并且增加了对来自生命科学的创业理念的支持。在空间技术方面，欧洲航空局“企业孵化中心”项目为创业成功提供了加速器。

联邦政府正在通过《为初创企业提供更多机会——新创业时期五点方案》，为一些中断的或缺乏重要支持的，很有希望的科学和研究创业项目提供创业资助。利用高科技战略的研究和创新资助，将填补“创新管道”项目资金的不足，建立畅通的研究网络。同时，在研究领域建立应用型的基础设施。

现在我们必须利用这一良好基础来推动创业。作为五点方案的第一个新措施，《科学领域的青年企业家》将与学术界和商界的合作伙伴一道开发一门课程，以提高博士生对创业这一主题的认识。《科学领域的青年企业家》旨在大力开发德国大学科研后备力量的创业潜力。2018年将在选定的大学开始试点。

4. 为创造力和创新力量奠定基础

> 我们未来的中心任务是为科学家提供发展机会，并确保基础的专业科研力量。为了能够激发创意灵感以及支持公益创新和技术创新的转化，我们还需要有利于创新的框架条件，为创新活动和价值创造提供一个可靠和富有成效的环境。

（1）强化科学和研究作为德国创新力量的基础

杰出的科学家、优良的设施和创造性研究的自由空间是一个高效科学体系的特征，也是创新活动的温床。联邦政府的目标是，进一步加强德国的大学和研究机构在国际竞争中作为尖端研究中心的地位。此外，我们还希望为培训专业人员和青年科学家创造最佳条件，特别是支持女性参与其中。并且我们正在正确的道路上前进，发展趋势良好。德国科学体系对来自德国和国外的学生和科学家有巨大的吸引力，这表明，我们的设计是正确的。

（2）开发专业人员的潜力

合格的专业人员和智慧的思想领袖是我们成功和繁荣的关键，在老龄化社会中尤其如此。然而，数字化的不断扩大对企业和员工都提出了新的要求。近年来，联邦政府通过专业人员方案确保和扩大了德国的专业人员的基础。我们致力于提高就业，例如使人们通过更好地兼顾家庭和职业来参与工作。同时，提高（工作）人员的技能水平也是我们的目标。只有接受良好的教育和具备良好的专业技能，才能让年轻人发展个人才能，全面贡献自己的技能。

数字化和人口结构的变化对于改变专业人员的需求和供给提供了巨大的活力。通过对专业人员的监测，我们将密切关注专业人员的需求和供给双方，进行更好的协调，以促使双方成功转型。一个关键的挑战是不断调整在职人员的技能和资格，以适应不断变化的需求。良好的培训以及终身学习的机会和意愿是实现这一目标的先决条件。通过《国家继续教育战略》，我们将确保员工跟上数字化的步伐，并确保企业今后能够寻找到所需的专业人员。

确保专业人员的另一个重要基础是扩大女性就业比例，以及使具有移民背景的人融入劳动力市场。近年来，随着对外国专业资格的认可和提供与职业相关的德语培训，我们已经取得了显著的进步。获取国际专业人员是确保专业技术人员的一个重要支柱。根据经合组织的观点，德国现在是对于学术专业人员移民制定的法规最为宽松的国家之一。因此，德国是一个深受国外专业技术人员欢迎的国家。

(3)拓宽创新资助

获得适当的融资是创新活动的另一个必要条件。资金瓶颈尤其对年轻、有活力的创业企业造成了冲击。然而，正是这些企业在确保德国未来的地位方面发挥着突出的作用。因此，联邦政府正在以高科技战略制定重要方针，以利创业者比较容易地进入风险资本市场。

通过《投资——为风险资本提供补贴》政策，我们为商业天使提供有针对性的激励措施，让他们为新的创新型公司提供资本。“高科技创业基金”资助以技术为基础的初创企业。投资合作基金“科巴里安”及其前身“欧洲复兴计划——启动基金”对研究密集型技术公司在启动和扩张阶段提供投资。“科巴里安”投资基金会就像私人首席投资者一样，针对新的创新公司，根据不同的发展阶段和不同的经济条件进行投资。此外，（欧洲复兴计划里的）欧洲投资基金之庇护基金也参与风险资本基金，主要投资德国的新技术公司。我们希望继续发展现有的投资机构，为新公司的开创和成长提供资金。在合适的地方，我们也希望向非学术人员开放这些投资，并对“技术增长基金”此类新机构加以补充。借助“技术增长基金”，我们通过提供贷款作为风险债务，来补充新公司成长阶段的政府投资工具。同时，在迄今采取的措施之外，我们要尝试采取税收优惠措施，以调动私人风险资本。我们正在努力，争取在未来几年里，将私营经济、联邦政府和欧洲伙伴参与的德国的风险资本数量与2016年相比增加一倍。通过这种方式，我们填补了以前对创业者资助方面的空白。

（4）继续发展法律框架

公共采购由于每年的数量超过3500亿欧元，可以为经济中更多的创新提供重要的激励。在此背景下，高科技战略确立的目标是，利用以创新为导向的公共采购为杠杆，为创新公司成功的市场渗透提供决定性动力。近年来为此建立了重要的机构，即"创新采购管理中心"。"创新采购管理中心"向公共采购公司提出采购建议，再由公共采购公司向市场提出要求，让市场提供更多的创新产品，从而激励创新经济的发展。《采购法》为公共采购公司在采购过程中强调战略及创新观念方面提供了可能性。研究与创新专家委员会在建议里强调，以创新为导向的采购是战略研究政策和创新政策的极其重要的工具。

研究和创新需要一个有利于创新的监管环境，在风险规避和开放创新之间取得平衡。这里创新原则就派上用场，它宣布，在制定法律法规时，必须考虑这些法律法规是否会影响国家的创新能力，这是对行之有效的预防原则的补充。其目的在于，使用来保护人民和环境的法规，也不会给创新增加难度，甚至阻碍创新。联邦政府将研究如何使创新原则作为预防原则的补充而固定下来。

5. 共同改变

适时和有效的研究与创新政策需要参考尽可能多的人的观点。越来越多的处于社会中心的人已经在参与创新活动。数字化进一步增加了参与的可能性。联邦政府支持这一发展，延续了一贯的对话传统，并以新的参与形式扩大对话。在实施和进一步发展高科技战略方面，联邦政府知名咨询机构的专业知识提供了极具价值的指导。

（1）加强公民对话和公众研究

使社会对新事物持开放态度并对未来技术和创新充满激情，联邦政府正在为此努力。通过一系列新的举措，它为感兴趣的公民提供机会，可以在制定创新与研究政策方面发挥积极作用。

"未来论坛"公民对话系列有意识地使科学、政治和社会一起进入话题。参与者一起就未来的四个主题寻求答案："重新思考健康""交流、分享、塑造自己""数字世界中的教学、学习和生活"和"创造知识——在未来的世界中思考和工作"。"未来论坛"将作为一种行之有效的对话形式得到进一步发展。借助"未来之家"我们提供一个平台，邀请公民就技术、经济和社会的未来进行对话。

此外，我们正在推动公众科学研究。例如，我们建立了一个互联网平台，将公众和科学家聚集在一起，共同处理有关研究项目。联邦政府以新的形式资助公众科学：联邦教育与研究部对 13 项正在进行的公众科学项目进行资助，期限达 3 年。我们最希望达到的是，公众和科学更紧密地进行合作，有条不紊地推进公众科学。通过资助项目，我们极大地动员了整个社会。

我们还致力于让不同的人员参与确定研究重点。国家平台“未来城市”及“教育促进可持续发展”等议事流程及平台就是例证。

(2) 扩大科学传播

我们以科学年的形式将当前的热门话题，如“数字社会”（2014 年）、“未来城市”（2015 年）和“海与大洋”（2016—2017 年）或“未来的工作世界”（2018 年）变成人们关注的焦点，并鼓励公众对科学和研究的讨论和参与。今后，联邦政府将加强教育、科学和研究的传播，并扩大科学、社会和政治等各界之间关于未来议题的对话。因此，科学传播活动正在进一步发展，新的公民参与形式将接受检验。

(3) 面向未来

联邦政府将进一步发展战略预测。《展望进程》确定了未来长期的技术和社会的发展，因此可以及时为联邦政府的教育、研究和创新政策提供重要动力。《展望进程》可以帮助设计战略进程及未来的研究项目和工程。联邦教育与研究部将为科学、经济和社会的未来问题启动一个新的《展望进程》。

“创新和技术分析”从挑战、机遇和风险方面审查和评估与社会相关的新的跨学科主题。这涵盖了未来发展的不同层面：未来趋势对生态和经济造成的后果是什么？需要进行哪些社会和伦理辩论？需要创造哪些框架条件，需要消除哪些障碍，以尽量减少风险？通过对技术可能性、社会价值观和经济要求之间彼此对立、互相影响的紧张关系领域的分析，“创新和技术分析”成为战略预测的重要组成部分。

成功必须是可以衡量的。为此，在能力监测的试点项目中我们制定了新的方法。这样，我们能够确定与德国国民经济竞争力密切相关的未来技术和创新领域，预测必须具备的能力并战略性地培养这些能力。因此，经济、科学和政治获得了一个有力的工具，可以帮助新的增值领域获得突破，提升经济繁荣和竞争力的潜力。

(4) 评价和建议使研究和创新政策更为有效

高科技战略的实施是有效的、协调性的和具有前瞻性的。在此过程中，联邦政府听取了国外咨询委员会的专业建议。此外，通常对高科技战略的所有大型资助措施大都进行了预先的、实施的同时和完成后的评估。评估有助于促进研究和创新制定有效的方案、工具和进行更加高效的程序设计。在研究和创新领域里不断进行评估，对于提供科学、高质量的以证据为基础的政策咨询，是一个必要的前提。

因此，不言而喻，评估是研究和创新政策的有力工具。近年来，它的重要性急剧上升。随着任务和资金的增加，联邦政府必须确保通过筹资措施实现目标，对此，人们的期望越来越高。

科学技术的进步越来越有活力，人们越来越需要了解定向知识、参与共同讨论和共同创造。为此，必须对技术创新潜力与社会创新需求进行认定和分析，并在两者相互作用中审查技术创新潜力和社会创新需求。为了做到这一点，联邦政府广泛汲取了知名专家机构的专业知识。

联邦政府设立的研究与创新专家委员会汇集了与经济和社会科学、教育经济学、工程学、自然科学和技术预测相关的创新研究，并进行了跨学科讨论。研究与创新专家委员会通过对德国研究和创新体系在不同阶段进行介绍和分析，以及对德国研究和创新体系在国际比较中进行介绍和分析，向联邦政府提供咨询意见；还通过评估重点问题和制定行动建议，就进一步发展德国的研究和创新制度，向联邦政府提供咨询意见。专家委员会工作的主要结论发表在关于德国研究、创新和技术业绩的年度评估报告中。

高科技战略的实施和进一步发展在内容和战略方面得到了高科技论坛的大力支持。在此过程中，科学、经济和社会为联邦政府未来的研究和创新战略贡献了他们的跨学科及交叉学科的专业知识。高科技论坛特别指出了对德国研究和创新优势地位的未来至关重要的议题：自动化系统、数字化和卫生、创新体系的有效性以及中小企业的创新力量、合作和转化的挑战与成功因素、创新的工作环境、国际化、可持续发展的经济、参与性和透明度。在这些问题上，高科技论坛制定了激励措施，描绘出了蓝图。我们在开展这些推荐的项目的同时，还对这些项目进行了广泛的协商。2017 年 5 月，高科技论坛提出，为了加强研究和创新，将推荐的项目捆绑在一起予以实施。这一建议被纳入了高科技战略的进一步发展中。

在与联邦总理就有关创新进行的对话中，学术界和经济界的高级代表讨论了创新政策的战略决策。到目前为止，有关创新的对话已经进行了 11 次，内容包括：关于 MINT（德语里数学、计算机科学、自然科学与技术的缩写词）教育的对话、数字互联与价值创造的未来、人机交互的创新潜力、思想知识转化和技术转化的现代形式、生物技术创新潜力、德国在欧洲创新政策中的作用和激进创新的动力等。

6. 将高科技战略进一步发展成为跨部门的研究和创新战略

> 德国是最成功的出口国之一，也是世界创新领袖之一。我们之所以如此强大，是因为我们十多年以来始终以高科技战略为指引，高度重视研究和创新的政策。

即使在将来，我们仍然需要一项全面的研究和创新政策，以促进学术上的卓越成就、创造精神和实干的勇气。我们必须从战略上，进行研究和创新，进行科学和经济之间长期的互相合作，必须陪伴创新的“德国制造”的理念，一直到成熟应用的程度，并同时唤醒大学和研究机构已经存在的创业精神。

联邦政府将进一步把高科技战略作为一项跨部门的研究与创新战略加以发展。其目的在于，从战略上支持到2025 年将国民经济收入的 3.5% 投资于德国研发的目标。联盟协议已经同意将税收引入研究和开发资金。目前，联邦政府正在研究，特别针对中小型企业如何实现这一做法。培训——从学校到职业培训和学术培训——应该与不断增长的需求相一致。这样，就为富有成效的创新体系打好了财政和人才的基础。

高科技战略的重点是数字化、健康、气候变化、能源转型和流动性转型、安全、公益创新和未来工作等重大挑战。联邦政府将研究制定新的策略，促进跨越式创新及知识向经济转化。新的研究与创新战略旨在帮助在德国建立开放的创新文化，为创意理念提供空间，不仅促进技术创新，也促进公益创新。联邦政府将采取行动，促使基础研究向带来经济和社会效益的应用转化。接受研究资助的技术必须全面开放，这是我国研究政策的一项重要基本原则。

德国不仅要跟上技术飞跃的步伐，同时也要引领和塑造这些发展。联邦政府希望发展面向未来的技术能力——包括数字化的关键技术，如微电子、通信技术、人工智能、数据科学、网络技术安全、区块链技术和量子技术。生物资源、生物原理和生物流程将更多地融入现代生活领域和经济领域。

如今，在所有领域，特别是在大学中扩建数据科学是非常重要的。为了做到这一点，数据处理必须成为一个单独的科学领域和一门单独的学科。我们需要在数字化的所有领域进行一次培训和研究攻势。我们认为数字主权和跨学科研究特别重要。将数字转型扩展到整体社会发展过程和政治设计过程，我们密切关注这一过程，并由小麦树研究所和弗劳恩霍夫研究所公共信息技术中心具体负责这项工作。

我们要加快发展德国的创业文化，支持中小企业走向现代化的、以数字为基础的经济。尤其是，在研究和创新方面加强与欧洲和国际的合作。我们希望在研究与创新方面扩大我们的国际伙伴关系，特别是加强与非洲国家在教育、科学和研究方面的国际合作，例如在与贫穷有关的疾病研究方面。

在实施研究与创新战略时，联邦政府将加强科学、经济和社会之间的部门协调和对话，并重点推动科学交流和参与。

三、通过国际化促进进步

全球挑战只能通过伙伴关系来应对。德国是与全球联网的，受益于开放市场、国际知识交流和自由贸易，以及没有壁垒的欧盟。我们未来的任务是，保持和进一步加强德国和欧洲研究和创新体系的开放性，支持自由的知识交流和自由的人员流动。

作为一个世界领先的创新国家，德国既有潜力，也有责任在国际上积极参与对未来问题的解答。对于我们的使命我们有清醒的意识，即对于我们的社会和我们的国民经济所面临的全球挑战，寻求做出开拓性的答案。我们还知道，必须要通过国际合作才能找到解决办法。

气候变化、全球卫生和安全等挑战不可能在国家层面来解决：环境污染的影响在当地只是部分可见，但在整个地球系统里，它也会对遥远的地区产生影响。在密切相关的全球化世界中，健康问题也是如此。例如，埃博拉病毒的传播显示，预防疾病绝不能只在国家范围内考虑。同样，安全也是如此。只有国家行动和国际合作结合在一起，才能保证数字化的世界里的人身安全，才能保证不受攻击。

正是出于这种考虑，联邦政府致力于扩大研发活动方面的合作，寻求找到应对紧迫社会挑战的办法。德国所有从事科学和研究的人员加入国际网络，并且融入跨国知识流动，可以为此做出决定性贡献。

同时，国际网络化确保了德国科学和经济的竞争力和成功，因此得到联邦政府的持续推动。欧洲始终是德国国际活动的核心支柱。

随着全球化和国际间相互联系的日益密切，教育、研究和创新处于不断变化中。鉴于知识生成和利用的跨国进程日益加快，将自己定位为一个强大的创新国家比以往任何时候都更加重要。众多指标显示，德国属于国际上的顶级群体，并受益于全球化：

在研发密集型商品贸易中，德国在2015年实现了约12%的世界市场份额。保持了其在中国之后和美国之前的出色的全球竞争地位。

德国每百万居民中与市场相关的专利数量为 371 个，远远高于欧盟平均的 156 个。

在德国，2016 年，共有 58% 的出版物是由几个国家的研究人员合作出版的。因此，这表明，德国的科学具有高于平均水平的国际网络化程度。

根据欧盟工业研发投资记分牌显示，欧洲 10 大最具创新精神的公司中，有 5 家总部设在德国。

在欧盟委员会 2017 年欧洲创新记分牌上，28 个国家中德国排名第六，成为欧洲创新领袖之一。

德国被认为是一个具有吸引力的学习和研究之地，也是最受经合组织国家的大学生欢迎的 5 个目的地之一。

1. 发挥国际合作的潜力

为了德国的发展，联邦政府打算在今后进一步发掘国际合作的潜力和机会。国际合作加强了德国的作用及德国科学和研究在经济、科学和城市一体化中的存在感。联邦政府的行动从探索和启动未来的合作，到实施具体的研究、创新和教育项目，再到制定联合资助方案和推动共同研究基础设施的运作，不一而足。

我们希望在世界范围内共同行动——即使是在即将到来的英国退出欧盟时期——并在经济上共同生存。因此，联邦政府正在大力推动德国融入欧洲整体。欧洲研究区的建立将使欧洲成为影响国际研究政策方向的决定因素。欧盟主要成员国的联合行动使欧洲在世界其他主要创新地区中获得了更大的知名度和更大的影响力。作为国家研究方案的补充，“地平线 2020”（执行期 2014—2020 年）是世界上最大的资助项目，供资总额达 770 亿欧元。联邦政府将在制定第九个研究框架方案方面发挥积极作用。

此外，德国正在加强与世界各地重要伙伴国家的双边合作，为实现共同利益进一步开发创造潜力。合作主要倾向于发展动力强大的国家和未来会成为重要市场的国家。鉴于我们科学和技术资源方面的吸引力，这样做具有重要的战略意义。

逃离和迁徙的原因必须在当地解决。因此，联邦政府的目的是在逃离和迁徙的发生地加强研究和创新的能力。我们要为创造当地的适宜的生活条件做出贡献。尤其是，使人们能够获得适当的保健服务，并切实预防疾病发生的风险。

联邦政府的部门研究机构以其广泛的国际联系和在政治、科学和实践衔接方面的特殊贡献而著称。因此，在创新产品的方法、标准、规范和条例以及市场准入的发展和国际协调方面，它们发挥着至关重要的作用。通过这些工作，联邦政府的部门研究机构为成功和有效地进行创新活动，创造了前提条件；也为国际社会共同行动，应对如埃博拉疫情或抗击抗微生物药物的耐药性等全球性社会挑战，创造了前提条件。

七国集团和二十国集团是确保国际间协调行动和国际合作的重要工具。德国在其中做出了重大贡献。2017 年，德国在担任二十国集团主席期间，召集负责数字化的各国部长在杜塞尔多夫举行会议，主要成果是“数字化路线图：数字化未来的政策”，其中包含了伴随数字转型而来的未来数字政策议程。会议主题包括互联网准入、基础设施扩建、支持新的商业模式、加强数字世界的竞争、支持中小企业、继续发展工业 4.0、数字教育、强化对数字世界的信任、在线消费者保护、衡量数字经济的重要性、弥合性别间的数字鸿沟。阿根廷的现任二十国集团主席正在以此为基础开展工作，二十国集团数字部长会议于 2018 年夏天在阿根廷举行。

2015 年，在德国举行的七国集团科学部长会议上，决定定期举行会议，以便持续地处理这一领域的议题。七国集团在德国举行的科学部长会议的重点是贫困带来的疾病、海洋的未来以及清洁能源。2016 年在日本举行的科学部长会议再次讨论了这些问题。意大利在 2017 年 9 月继续举行了七国集团科学部长会议，会议议程包括培养优秀的研究人员、包容性科学、研究和创新的筹资机制和政策途径、全球化的研究基础设施和开放科学。2018 年，加拿大担任七国集团主席期间，举行了创新部长会议，主要议题是人工智能和创新。加拿大在意大利和日本前任七国集团主席的工作的基础上，继续进行科学领域的合作。

德国参与经合组织和联合国教科文组织等多边组织和机构的活动，参与世界卫生组织和世界动物卫生组织等国际卫生机构的合作，目的在于产生长期影响。这些多边组织和机构一方面提供了机会，可以在全球范围内确定共同的研究主题和制定框架条件。另一方面，这些国际组织通过有针对性的数据处理和分析，改善了国家和国际政治决策的基础。这方面的例子有：政府间气候变化专门委员会（IPCC），德国研究机构为应对埃博拉和寨卡疫情等全球卫生危机，与国际卫生组织和国际资金提供者的合作等。

2. 进一步扩大欧洲研究区

欧洲拥有许多共同的利益，在科学合作和创新合作方面也是一样。欧洲研究区的建立一方面是为了确保研究人员有一个开放的工作市场，另一方面是为了改善科学知识的交流和转化。从“开放科学”的意义上讲，数字基础设施以及出版物和研究数据的数字可利用性在这里发挥着越来越大的作用。

在欧盟内部，德国政府致力于加强战略性研究政策、提高创新能力及扩大欧洲研究区。为了挖掘欧洲知识领域的潜力，欧盟委员会和欧盟成员国正在协调其科学、研究和创新政策。对德国来说，将中欧和东欧国家以及东南欧国家纳入欧洲研究区尤为重要。由于德国的研究预算占欧洲研究资金的最大份额，调整研究目标和供资路线对于欧洲研究区非常重要。只有这样，气候变化、能源供应和防治常见疾病等重大社会挑战才可以得到有效应对。

我们的目标是，加强优秀的欧洲研究，共同推进对欧洲更具价值的研究课题，增强欧洲研究和创新体系的凝聚力、竞争力和改革意愿。卓越性和辅助性必须仍然是欧洲研究资助的基本原则。在欧盟委员会与成员国之间的密切协调下，确定欧洲面临的，只有通过联合起来才能战胜的挑战。

另外，还必须确定只有共同行动才能实现的具体研究和创新目标。联邦政府将为欧洲伙伴带来自己的研究目标，并推进欧洲创新理事会的建立。研究与创新专家委员会赞成及时确定欧洲创新理事会的任务和结构。

3. 优先推动国际化

世界上 90% 以上的知识产生于德国以外的地区。为了德国能开发这些知识资源，巩固德国在科学和经济上的竞争力，在科学和研究上进行国际合作至关重要。在此背景下，联邦政府正在推行《教育、科学和研究国际化战略》。该战略延续了联邦政府以往的国际化战略，又对教育、科学和研究方面的国际合作产生重大影响的新趋势和新挑战做出了应对。这些新趋势和新挑战包括日益增长的全球化、数字化、欧洲研究区的进一步发展以及在已经建立的科学地区外新建成的全球创新中心。

在“国际合作：互联和创新”的主题下，联邦政府根据国际化战略调整了国际合作，使其更为及时有效，聚焦在要实现的战略目标上：

(1)通过全球合作使德国更加优秀；

(2)在国际上发展德国的创新力量；

(3)在国际上扩大教育和资格培训；

(4)与新兴国家和发展中国家共同塑造全球知识社会；

(5)共同应对全球挑战。

在这个过程中，联邦政府将来自科学、经济和政治各界的参与者之间的各种活动协同起来，以此产生尽可能大的影响。

为了达到这些目标，联邦政府运用了一整套范围广泛的策略。其中包括加强德国科学和研究机构以及企业的国际活动网络化，为国际背景下的研究合作提供优良的研究基础设施，支持联合国的与研发成果相关的国际化项目，如《全球气候服务框架》和《仙台灾难预防框架》，资助外国大学生以及外国科学家，支持高科技战略相关组织的国际化。通过这些活动，联邦政府为研发的国际化创造了条件。联邦政府关于“教育、科学和研究国际化”的圆桌会议是国际化战略的一个关键支柱。圆桌会议将联邦政府各部门和德国重要人物聚集在一起，共同讨论教育、科学和研究在国际合作领域的战略问题。圆桌会议的核心目标是确定今后的行动要求，并在跨部门协同项目中加以解决。

另一个重点目标是提高德国作为具有吸引力的科学、研究和创新国家的国际知名度。对研究的营销、德国科学和创新之家的设立、加强发展对外国研究人员的欢迎文化在这方面至关重要。

四、加强科学研究及尖端研究

对于德国这样的创新国家来说，一个能够产生尖端研究成果的广泛而强大的科学体系是绝对必要的。德国政府通过与各个联邦州的合作，通过《高等教育协议》《卓越战略》《研究和创新协议》《终身跟踪方案》《教学质量协议》和《教学质量攻势——教师培训》这一系列的协议，大大加强了德国的科学、研究和创新。在国际竞争中，必须保持和进一步扩大我们的实力。为了实现这些目标，联邦政府寄希望于德国科学体系的教育优势和卓越导向。

德国是科学、研究与创新领先的国家，对国内外的大学生和研究人员有着巨大的吸引力。

2016 年，德国每百万居民有 1.367 本科学出版物，出版强度高于美国和日本。

根据目前的估计，德国的研究人员人数在 2016 年达到创纪录的 40 多万人，其中大约 16 万人在大学和国家研究机构工作。近年来，女性研究人员的比例急剧上升，高等教育领域达到 36% 以上，研究机构达到 32% 左右。我们将继续积极推动这一良好发展态势。

每年有越来越多的应届大学生成功地完成了大学学业。毕业率从 2005 年的 19.9% 上升到了 2016 年的 31.8%。在此期间，按照学科分类，工程科学以及数学和自然科学的毕业生人数显著增加。

大学生及卓有建树的科学家都认为德国是一个具有吸引力的东道国。2008 年至

2017 年期间，德国的外国大学生人数增加了 54%：从大约 23.4 万人增加到 36 万人。

2016 年，8.8 万名外国（客座）科学家居住在德国。外国科学家已经占德国科学工作人员总数的 11%。

大约四分之一的德国大学毕业生在学习期间至少出国一次，其中大多数人至少在国外逗留了三个月。

1. 促进尖端研究

通过《卓越战略》后续的具体措施“卓越提案”，联邦政府与各联邦州一道，继续进一步提高德国科学体系的竞争力。《卓越战略》和目前正在实施的协议《高等教育协议》《教学质量协议》《研究和创新协议》以及联邦政府及各联邦州为促进研究转化的提案《创新大学》形成了一套整体战略，旨在创建卓越的富有成效的科学体系。

对于大学尖端研究来讲，《卓越战略》是世界范围内具有竞争力的最佳组合的流程之一。它包括卓越团体资助路线和精英大学的资助路线。在设计过程中，联邦政府和州政府利用了《基本法》新增补的第 91b 条提供的宪法自由空间。在此基础上，可以确保精英大学获得长期资助。联邦政府和联邦州每年为《卓越战略》提供 5.33 亿欧元的资金，其中四分之三由联邦政府承担。随着《卓越战略》的推进，德国大学在国际上的竞争力会越来越强。德国的大学及研究也可从中广泛受益，因为研究的灯塔照亮了整个大学。

借助于《研究与创新协议》，德国科学机构（德国研究基金会、弗劳恩霍夫协会、赫尔姆霍兹协会、莱布尼茨协会和马克斯·普朗克科学促进会）可以放心地依靠不断增加的财政资助。作为回报，这些科学机构有义务依照研究政策确立自己的研究任务，如何完成任务由它们自己操作。这些科学机构开发出了指导未来的科研主题，与国内和国际上的同行建立了更加密切的网络联系，将设想、知识和技术的转化作为一项战略任务来执行，并大力促进女性和科学后备力量的提升。从 2016 年到 2020 年，联邦政府为此提供了 39 亿欧元的补充资金。由研究政策目标出发而达成的协议结合财务规划的确定性，这种做法证明是卓有成效的。因此，联邦政府希望从 2021 年起，在已有的联邦政府—联邦州财政配额基础上，继续实施《研究和创新协议》，并且财政配额年增长率至少达到 3%。我们希望进一步发展《研究和创新协议》的目标和工具，并每年报告进展情况。

通过德国研究基金会的一揽子计划，我们正在加强大学的研究，从 2016 年到 2020 年，大学的研究总支出超过 20 亿欧元。在 2020 年之后，我们将继续实施一揽子计划。

2. **为科学系统抓住数字化的机会**

数字化为我们的大学提供了巨大的机遇。我们要支持它们充分利用这些机会，从而提高学习、教学、研究、行政和科学交流的质量。通过竞赛，我们将推广数字创新大学或大学协会，尤其要推广大学之间的网络化的方案，例如教学与学习的平台。

由于数字化，科学本身也面临着巨大的挑战。大学和非大学研究机构需要进行意义重大的研究数据管理，以便不断增加的数据在整个生命周期(从收集到处理和备份再利用)中都可用于科学研究。国家研究数据基础设施可以成为研究数据管理这方面的基础，研究数据的管理应该使科学数据系统化并能够持续获取。我们还与各联邦州一道，审查并共同推出和资助一项长期的《国家高性能计算战略》。

3. **长期支持大学，确保教学质量**

大学不仅是科学体系的核心，也是重要的教育场所。(据调查)在同一年龄组里，有上大学意向的高中毕业生达到近60%，今后还将继续保持较高的水平。在《高等教育协议》第三阶段的框架内，联邦政府和联邦州的奋斗目标是，与2005年相比，到2020年为新增加的大学入学学生提供高达760033个学位。在整个任期内，联邦政府在2007年至2023年期间为大学新增学位提供200多亿欧元。如果你想上大学并达到相应的条件，你就应该能够上大学——特别是在对大学毕业生的需求仍然很高的情况下。这一同等原则同样适用学术教育与职业培训。

根据《高等教育协议》，联邦政府对新生的资助对大学来说是不可或缺的。为了确保在学习需求持续上升的背景下高质量的教学，我们将继续在《基本法》新91b条款的基础上提供联邦资金。具体的资助标准可以七年为期，由各联邦州及大学协商决定。在做好此项工作的意义上，连续性和可靠性是最重要的标准，并且在高等教育中应与定性和定量相结合。我们会定期审查对联邦资金的有目的的使用情况。对我们来说，研究和教学的质量以及大学毕业生的就业机会是重中之重。

随着《教学质量协议》的签订，联邦政府和各州开始为大学提供资助，支持大学努力改善学习条件和提高教学质量。从2011年到2020年，联邦政府将提供高达20亿欧元的资金，获得资助的大学能够独立采取措施，进行更好的人员配置，激励创新教学形式等。我们要使《教学质量协议》长期起作用并按照科学委员会的建议进一步发展它，此外，我们也按照科学委员会的建议，促进高等教育的创新教学、大学之间的交流、成效突出的方案的转化，使之更具竞争性。我们还希望加强应用科技大学的实力，并与各联邦州一起发起一项提案，以利于应用科技大学教授的提升，支持应用科技大学的招聘。此外，我们还希望为应用科技大学的国际化战略提供有针对性的支持。

4. 通过国际化和流动性加强德国的科学地位

科学和尖端研究的国际交流是开放世界的重要保障，也是获得国际理解的重要保障。同时，它也是我们科学地位的根本品质特征。德国学术交流中心和亚历山大·冯·洪堡基金会是德国最大的中介机构，因而具有十分重要的意义。德国学术交流中心提供的个人资助有针对大学生、博士生和国内外的已有建树的科学家的各种项目。亚历山大·冯·洪堡基金会的项目有所不同，它为来自国外博士级别以上的顶级科学家提供支持，邀请他们到德国进行研究逗留。

此外，在大学国际合作的框架内，联邦政府促进德国大学国际化的结构性措施的实施，以利于在教学和研究方面建立战略网络。同时，我们还希望开辟新的道路，坚决支持法国总统马克龙建立欧洲大学网络的倡议。《博洛尼亚进程》主张改善国际学术流动的框架条件。

我们希望不断加强我们科学体系的国际竞争力，并在联邦政府《教育、科学和研究国际化战略》的基础上促进国际网络化。我们正在推动高校的国际化，我们希望推广我们的中介机构——亚历山大·冯·洪堡基金会和德国学术交流中心——的卓有成效的项目。我们愿意看到，德国大学和研究机构继续接纳难民学生和遭受生命危险的研究人员。对于优秀的外国毕业生、年轻科学家和顶尖研究人员，我们希望德国作为研究地点比以前更加成功地吸引他们并留住他们。我们加强学校、职业教育和高校在欧洲和国际上的流动性。加强版的“伊拉斯谟⁺”方案对此贡献颇多。此外，我们还鼓励到欧洲以外国家的教学与学习逗留。

5. 提升年轻科学家的能力

德国的科学体系必须对聪明和有创造力的头脑具有吸引力。因此，联邦政府致力于在科学领域创建具有国际竞争力的工作条件和职业提升条件。促进年轻科学家的“终身跟踪项目”有助于使他们在学术界的职业道路更具计划性和更透明。通过这项联邦政府—联邦州项目，德国首次在全国范围内建立了终身跟踪教授职位。在成功地接受了试用期的考察后，终身跟踪教授职位可以立即过渡到终身教授职位。联邦政府提供了高达 10 亿欧元的资金，以资助 1000 个新增终身跟踪教授职位。该项目的期限一直持续到 2032 年。在第一轮赠款中，468 个教授职位获得了资助。

随着《科学研究时间合同法》的改革，科学领域的时间期限的管理得到了改善，特别是对不适当的短期期限的管理。科学工作人员的合同期限必须符合所要求的资格；在第三方供资有时限的情况下，应以核准的项目期限为基础。因此，改革在不损害科学所需的灵活性和活力的情况下，消除了时间期限实践中的失误。它配合大学和研究机构的活动，以改善年轻研究人员的就业条件。

6. 加强部门研究

联邦政府的部门研究是德国科学体系在科学、社会和政治之间的衔接不可或缺的一部分。它与各部门法律任务和技术任务的执行挂钩，部门研究涵盖的任务范围十分广泛：对合法分配的任务进行科学处理，提供科学技术服务，如授权、维护数据库、专家系统、测量网络的运行，参与国家、欧洲和国际各层级制定进一步的法律规定和标准，知识和技术转让，研究和做社会报告，关于当前社会政治问题的研究。

部门研究在欧洲和国际领域发挥着特殊的作用，因为它以强大的研发活动直接参与了欧盟的咨询和决策，也直接参与了国际组织的咨询和决策。

部门研究是由负责研发任务的联邦机构，以及非大学研发机构通过定期和持续的合作，以及将研究合同授予外部研究人员进行的。部门研究机构为政府行为提供短期可资利用的科学专业知识，并为政策决定提供科学合理的咨询意见。因此，它们的研究涉及当前和持续进行中的社会、科学和经济问题，从而为政府制定措施做出有科学依据的行动方案。他们不仅对各自责任领域的相关基本问题进行研究，而且为了应对未来的社会挑战，他们也进行长期的预备研究。

联邦政府的目的是，为部门研究准备良好的条件，以保证他们今后能够取得优质成果。在此过程中，必须确保部门研究机构尽其所能地完成它们的任务，即一方面发挥其作为政治与创新社会要求之间的中介作用，另一方面作为科学机构有能力对短期及长期的问题进行持续研究。

我们正在努力加强部门研究，并尽力使部门研究机构继续从知识自由法中受益。

五、通过教育和融合打开视野

良好的教育对于我们国家获得良好的机会、参与社会和提升创新能力至关重要。它是通过教育实现社会融合和上升的关键。富有竞争性的研究与创新制度的基础是教育制度，它尽可能为人的一生提供广泛的知识和技能：从孩子的早期教育到学校、职业培训、高等教育一直到终身学习，包括继续教育。现在我们需要的是一个具有渗透性和联系性的教育系统，以促进人才的发展，而不论其出身和物质资源如何。我们的目标是进一步加强教育公正，联邦政府、各联邦州、地方当局和社会对此负有共同责任。

在成为教育共和国的道路上，德国近年来取得了良好进展：

国际学生评估项目 2015 年的结果显示，自 2000 年第一次开始国际学生评估项目调查以来，德国学生的表现有所改善，数学、自然科学和阅读的测试结果明显高于经合组织国家的平均水平。然而，自然科学方面的成绩自 2006 年以来一直停滞不前，当时这一领域刚刚成为国际学生评估项目测试的一个重点。针对这一点，各联邦州尤其有义务采取措施。然而，来自社会经济条件不佳家庭的学生却能够在测试中提高成绩。我国“弹性”儿童(即来自社会经济条件薄弱家庭，但却能达到稳定能力水平的儿童)，自 2000 年开展国际学生评估项目以来，所占比例有了很大提高。几乎没有任何其他经合组织国家像德国那样，成功地使“弹性”儿童的比例有了显著增加。

同时，中断学业、提前离校的人数也有所减少。2006 年，75900 名年轻人离开学校时没有中学毕业，而 2016 年这一数目约为 49200 人。

在 2005 年（417649 人）至 2014 年（250670 人）间，促进培训的过渡系统中年轻人人数显著减少之后，2015 年和 2016 年，过渡系统中的初学者人数再次增加，2017 年与 2016 年相比，过渡系统的年轻人又减少了，为 291924 人。

德国青年的失业率保持在 7.1%（2016 年），仍然是欧盟最低的（平均 18.7%）。

2017 年，联邦政府、各联邦州和地方当局计划提供的教育支出总额约为 1348 亿欧元。与 2005 年相比，增加了约 480 亿欧元。因此，按照公共教育支出和公共预算总额的比例，约五欧元中有一欧元投资于教育。联邦政府不断增加对教育的投资，仅在过去两年中，教育投资就一次性增加了 10 亿欧元，达到 2017 年的 111 亿欧元，与 2005 年相比，增幅将近 160%。

1. 确定终身教育

联邦政府通过各种措施大力提倡终身教育。

“小小研究员之家”这家机构专门针对 3 至 10 岁年龄组的儿童，促进儿童在自然科学、数学、技术方面的发展，以及提供后续发展的教育。

在非大学研究机构的学生实验室里，学生可以进行自主实验，以帮助他们更好地理解自然科学理论，也能够对科学理论提出质疑。学生实验室提供了对学校系统的补充，并在学校和职业培训之间建立了一个衔接接口。教师可以利用其广泛的专业培训课程进修。

联邦政府以《文化使人强大——教育盟约》项目支持为教育处境不利的儿童和青

年提供课外的文化教育活动，同时促使公民参与其中。“文化使人强大”项目将在2018年继续下去，并在财政上增加投入。

欧洲社会基金会与联邦政府的联合项目“父母的机会 II ”，其宗旨在于增强家庭教育领域的专业人员和幼儿保育、教育和培训机构的专业人员的能力，使这些专业人员在幼儿教育中与父母共同努力，并就子女的教育道路、日常生活中的教育机会和教育过渡向家庭提供咨询意见。为此，这些专业人员将获得模块化职业培训，并获得证书，目的在于使其成为合格的父母陪伴者。

联邦政府与各联邦州通过“成绩造就学校”项目，共同促进成绩优异的学生的发展。在为期10年的时间里，提供总共1.25亿欧元的资助，并平均分配到每一年。管理学校，并为教师提供培训是各联邦州的任务。联邦教育与研究部将根据实际情况，对这一方案的过程进行研究和评估。

通过《教育链》方案，联邦政府、联邦就业局和各联邦州对“学校—职业的过渡”这一领域的措施进行协调并使之系统化。该方案还包括《职业定向项目》，其目标是提高普通学校里学生接受职业培训的能力，强化他们的职业选择技能，并在必要时陪同他们单独接受培训。

联邦政府以《无拘无束——在职业和研究选择方面的国家合作》这一方案支持职业选择，鼓励学生按照自己的兴趣和能力，而不是过时的专业角色分工，无拘无束做出接受教育的决定。

为了将没有正式职业资格的群体纳入教育和就业制度，联邦政府施行了《对非正规和非正式获得的能力的验证》方案。该方案的目标是制定一套评估和记录专业技能的标准化的方法，从而为德国将来的验证规则奠定基础。

职业介绍所和就业中心的培训费用，在2018年达到30多亿欧元，为满足个人专业技能调整做出了重要贡献，对于年轻人的职业资格的获得尤其如此。《未来创业者》方案对于年轻人职业资格的获得做出了重要贡献。

“联邦政府—联邦州竞赛”项目框架里，《通过教育上升：开放的大学》规定，大学将向在职人员和具有专业资格的人员扩大开放，在职人员和具有专业资格的人员进入大学也会更加容易。

职业上升和培训补助金通过提供有针对性的培训机会，打开进入大学学习的通道，为有才能的和高绩效的专业人员提供支持。

在“十年扫盲”项目范围内，将采取措施，为成人组功能性文盲提供新的学习途径及机会。

联邦计划《教育奖金》动员低收入人群进行个人的职业培训。13 个由联邦政府支持的天才促进组织和德国奖学金为有才华和有雄心壮志的大学生和博士生提供资助。德国奖学金由联邦政府和私人资助者各出资一半，这一举措为建立新的捐赠文化，为培养高素质的专业人才以及加强大学与本地企业的联络，做出了重要贡献。

教师的培训在教育系统中发挥着关键作用。为此，联邦政府和各联邦州政府支持以《教师培训的质量攻势》项目开发教师职务研究的创新概念。我们要继续开展《教师培训的质量攻势》，并围绕数字化以及职业学校的教师培训两个重点，做进一步的拓展。

联邦政府以《职业教育促进可持续发展》项目为重点，促进贸易、物流、货运、食品作坊以及食品工业领域的教师和学徒的可持续技能发展，并通过相应的组织发展方案和人员发展方案，支持在可持续发展的、面向未来的企业里设立学习场所。按照国家整体行动的方式，联邦政府承诺在《职业教育促进可持续发展》中采取更进一步的措施。

为了促进可持续发展，我们要加强职业培训。通过欧洲社会基金，促进职业上保护气候和保护资源行动的绿色关键技能项目的发展，这将促使新的生产程序、工作流程和职业技能朝着气候保护和资源保护的经济方式转变。

国家主导的“教育促进可持续发展”平台致力于使可持续发展的核心主题成为一般教学和学习的组成部分。

联邦政府的《第二份平等报告》表明，男性参加公司培训的人数多于女性，而女性参加培训时极少接受雇主资助。因此，适合的教育和继续教育一方面是男女实现机会平等的先决条件之一，另一方面，提供的教育必须考虑到女性和男性的需要，以利于总体更有效地拓展个人未来的机会，促进女性参与和融入社会，并解决技术工人短缺的问题。

2. 加强数字教育

数字教育是未来的一个关键话题。数字媒体为应对教育系统面临的重大挑战提供了重要机会。考虑到教育参与者日益多样化，应为他们提供个性化的教育。对于成绩优秀和成绩一般者提供有针对性的教育，更快地解决复杂而快速发展的技能需求。

为了充分利用数字教育提供的机会，防止数字引起的社会分裂，教学人员和教育参与者必须具备数字媒体能力，并对不同目标群体不同的前提条件与需求保持敏感，如有移民背景的年轻人。促进数字媒体能力提高是今后几年的一项中心任务。

研究与创新专家委员会在当前的意见中强调，数字技能是创新和生产力增长的必要先决条件。因此，委员会建议通过联邦政府和各联邦州扩大数字教育。借助“数字知识社会的教育攻势”项目，联邦政府正在推进中小学、职业培训、大学和继续教育的数字变革。

修正《基本法》的法律草案（104c 条、104d 条、125c 条、143e 条）为在联盟协议中执行联邦政府协商好的措施奠定了宪法基础，这些措施是为完成联邦州任务提供资助的。原《基本法》第 104c 条规定，只有在财政薄弱的地区进行共同资助投资，联邦财政才可援助。因此，通过取消联邦政府财政的限制，扩大了联邦政府资助的可能性。各联邦州和地区的政府投资建设地区教育基础设施，特别是在联盟协议中提到的领域，全日制学校和护理服务、数字化和职业学校，联邦政府也可参与其中。但教师的教育和培训以及数字基础设施运营仍然完全由各联邦州负责。

《学校数字协议》是根据研究与创新专家委员会的建议实施的。在《学校数字协议》框架内，联邦政府将支持学校发展数字基础设施。在联邦教育与研究部的支持下，哈所—普拉特那数字工程研究所正在与 MINT – EC 网络协会（德语中数学、计算机科学、自然科学和技术的首字母缩写为 MINT；该网络协会是针对高中学校的，在数学、计算机科学、自然科学和技术教育方面拥有很高的知名度。）一起开发一个学校云。MINT – EC 是一个由近 300 所学校组成的全国范围内的优秀网络协会。该试点项目旨在为教师和学生提供数字技术基础，使他们能够轻松直观地在每项课程中使用现代数字的教学和学习内容，如通过应用智能手机的 App 或平板电脑来进行。

联邦政府致力于推动对培养就业能力起积极作用的数字工作。它支持进一步发展数字化工作世界的技能教育和培训。为了助推数字化和自动化领域的快速发展以及减轻它们对职业教育和培训的影响，联邦政府在《职业教育 4.0》提案的框架下将现有的措施和新措施汇集在一起，这样的话，就可以根据选择的职业，将数字化对资格要求的影响进行跨部门的分析，并制定相应的行动建议。为了确保高质量和现代化的培训，我们启动了一项跨企业的职业培训中心和技能中心的数字化特别方案，并且购置数字设备以及选定的试点项目都将获得资助。在试点项目里的技能中心，将进行创新培训方案的开发、测试和过程评估。

灵活和动态设计的双轨制教育系统，为应对数字化带来的变化做了充分的准备。它为公司内部培训和新技术集成提供了广泛的机会和空间，因此，通常培训条例在任何情况下都不需要修订。然而，数字技能的日益重要将影响教育和培训条例的制定。在某些部门和某些工作领域，将在这种背景下出现新的职业形象。在这种条件下，为满足数字能力要求，包括数据保护和数据安全，近期，在工业的金属行业和电气行业实现了现代化（修正条例于 2018 年 8 月 1 日生效），以及信息技术职业培训第一阶段的现代化（同样在 2018 年 8 月 1 日生效）；在第二阶段，将确定所有信息技术专业的新要求，然后全新修订的培训条例将于 2020 年 8 月 1 日生效。“电子商务营销人员”是新产生的培训专业，特别侧重于在线零售和网上商店，将于 2018 年 8 月 1 日推出。

《职业教育中的数字媒体》方案促进在职业教育和培训中使用数字媒体，并在整个教育和培训中进行广泛传播，这其中包括电子组合产品、免费教育材料的使用和利用虚拟现实概念。这样我们就必须考虑由于工业 4.0 带来的对职业培训需求的变化，并为职业培训竞争力的现代化和提升做出重要贡献。为了扩大数字媒体在职业教育中的影响和知名度，联邦政府还委托联邦职业教育研究所，在各个城市为教师举办“日常培训中的数字媒体”路演，路演配备客户体验馆，在每个客户体验馆里，来自公司、跨企业的职业培训中心、职业学校、商会和教育机构的教师，都可以通过三个最佳实践示例了解并尝试新的数字媒体，这些新的数字媒体都可以在培训中应用。例如其中的技能工作坊，这是一个在线应用程序，可以用来测定学员的个人能力和专业知识，还有“社会虚拟学习”项目，参与者在该项目中用 VR3D 眼镜，对虚拟空间的培训内容进行学习和测试。

《职业培训 4.0》提案还包括支持中小型企业向经济 4.0 转型的程序（在“职业开始者⁺”培训结构方案内），以及在职业教育里采用信息技术支持的技能测量程序。

3. 加强职业教育

近年来，教育系统变得更加高效和公平。但社会出身依旧强烈影响着教育成就。因此，提高德国的教育公平性仍然是联邦政府的一个基本目标。

双轨制教育具有重要意义。教育和培训联盟把加强双轨制教育，吸引更多的年轻人，视为自己的使命。双轨制教育的决定性优势就在于与就业密切相关。为了使尽可能多的年轻人从中获益，联邦政府不断扩大对能力较弱的人进行个人咨询、指导以及支持，而且从培训之前到培训期间是持续的。这样，通过辅助培训特别开发出了陪伴青年和企业的一种工具。

《教育链》提案的措施扶持青年人把握从学校向职业培训的过渡。联邦政府和各联邦州在调节系统持续锚定的协定为这一提案保驾护航。这样，就可以把各个合作伙伴的不同措施和方案联系起来并加以拓展，尤其是把职业定向和过渡领域的措施协调了起来。同时，联邦州管辖范围内的措施也在实施中，我们将与各联邦州一道，进一步发展对学生的职业定向和学习定向，以及学习陪伴和职业陪伴。从一个角度来看，我们将与各联邦州一起扩大文理中学的职业定向，并在双轨化方面加强过渡领域措施的实施。

在欧洲社会基金与联邦政府的合作项目《陪伴进入职业生涯》框架内，约有113000名年轻人将获得长期单独陪伴，并将在毕业离校时、培训过渡期和学徒开始时期得到资助。为此，欧洲社会基金与联邦政府的合作项目将提供9.54亿欧元资金。此外，由联邦教育与研究部支持的《防止辍学的提案》也得到了扩展。自2008年启动该提案以来，已联系到1万多名学徒。

联邦政府通过《开工者+》培训结构项目（2015—2020年：1.09亿欧元）采取措施，加强公司内部职业培训，解决技工短缺问题。培训与移民协调中心支持在移民经济公司进行培训，并支持有移民背景的年轻人和难民参与培训。联邦政府与联邦州的竞赛《通过教育提升：开放的大学》，使具备专业资格的人能够获得更有吸引力的教育前景。《强化年轻人》提案的重点是针对那些年轻人，他们由于启动机会差，在从学校到工作的过渡中需要特别的社会教育支持。通过单独陪伴及提供合适的教育，使他们在学校、职业和社会融合方面得到支持，目的是使那些年轻人能够继续上学或参加学徒培训或接受其他教育。

《晋升培训促进法》向职业晋升培训活动的参与者提供财政资助。无论收入如何，他们都能获得培训补助，在脱产培训时，他们还可获得额外的一份与收入挂钩的生活补贴。2016年，首先成功地对《晋升培训促进法》进行了修订和改进，使之现代化。因此，以前的《师傅教育促进法》变成了现代《晋升培训促进法》它具有更高的津贴额、授予份额和供资率。同时，资助范围有显著的扩大，包括在没有受过任何培训的情况下允许参加培训考试的人、希望开始接受高等技能职业培训的学士毕业生都可获得资助。自2016年8月1日起，依据《晋升培训促进法》的培训申请也可以简单快速地通过互联网提交。

由于计划对《晋升培训促进法》进行第四次修正，联邦政府打算在这一届议会任期内再投资3.5亿欧元用于职业晋升培训，为职业晋升培训活动赢得更多感兴趣的人。其目的是进一步大幅度提高福利，从而使家庭更加和睦。此外，将资助机会扩大到三个级别的培训，使得进入职业培训更加容易。

4. 加强继续教育

通过商定《国家继续教育战略》，我们将职业教育范围内不断增长的终身学习和培训的重要性纳入考虑中。建立一种新的继续教育文化，即终身学习的文化将是人们关注的焦点。正规和非正规培训以及非正式学习都很重要，为此需要建立体制、组织框架条件并提供财政资金。对培训的多样化要求和迅速变化的要求，最好的办法是通过机构来满足，其特色是承办人和培训项目的多元化和竞争性。自愿是参与继续教育的指导原则。

在数字化程度日益加深的工作世界中，工作岗位、商业模式和组织结构正在发生变化。数字技能是专业成功的基础，职业教育和培训必须始终着眼于传授这些技能。同样，科学性的继续教育也将得到加强。它为确保知识密集型创新的能力基础，做出了重大贡献，也为德国的创新能力和国际竞争力奠定基础，做出了重大贡献。

与经济界一样，德国教育体系也重视正式证书。然而，德国约有 200 万人没有正式的职业资格。其中许多人通过长期职业劳动获得了技能，对这些职业技能的评估和承认将通过普遍接受的验证系统来实现。为了提高成人的基本技能，正在大力建设“全国十年扫盲和基础教育”。

5. 根据需要设计《联邦教育促进法》

随着第 25 部《 联邦教育促进法修正案》的颁布，联邦政府通过全额资助各联邦州的教育，为各联邦州在教育方面，特别是高等教育投资开辟了更多的空间。仅《联邦教育促进法》提供的资助就将使这些联邦州每年减轻约 11. 7 亿欧元的负担。此外，教育促进法根据生活和教育的实际情况进一步做了调适：自 2016 学年开始和 2016—2017 冬季学期以来，不与收入挂钩的津贴和生活费标准各增加了 7% 。在国外居住的大学生的住房补贴甚至增加了 10% 以上。每个孩子的儿童抚养津贴已提高到 130 欧元，这为年轻父母提供了更多的帮助。官僚主义减少了，这在一次性支付的医疗保险津贴上表现得特别明显。自 2016 年 8 月 1 日起，在全国范围内还确保《联邦教育促进法》的申请能够通过互联网快速、及时提交。联邦政府将进一步完善《联邦教育促进法》，并大幅提高其作用。

6. 通过教育实现融合

在德国生活着 1860 万具有移民背景的人，接近四分之一的人口，因此为经济和社会发展提供了很高的潜力。对此良好的教育至关重要。与以前一样，平均来看，有移民背景的儿童、青少年和年轻人在教育参与及教育成果上的表现，与没有移民背景的同龄人相比，表现仍然较差。然而，增加投资和进一步发展教育系统以应对异质性，正在帮助有移民背景的年轻人迎头赶上。联邦政府采取了有针对性的资助措施支持这一趋势，并促成对移民开放教育和培训的机会，对此贡献特别大的是 450 多个青年移民服务机构，它们为有移民背景的青年，和 12 至 27 岁的难民提供学校、培训或职业选择方面的咨询和陪伴。

这些富有成效的措施我们要继续实行下去，并把它们用于难民的社会融合里。在“欧洲社会基金”的支持下，联邦政府采取广泛措施，促进在德国寻求保护的人们通过教育领域进行融合。其中重点是学习德语语言、对其技能和潜力的认可以及融入教育和工作之中。因为教育依然是成功融入社会的关键。

教育和培训联盟商定了将难民纳入培训和工作的具体措施（例如，使难民适应日常培训和日常工作，为他们创造安全的环境以接受培训并进入职业生涯）。

《承认法》正在成为确保技术工人安全的有效工具。这部法律使拥有外国学位的人能够以合适的方式进入劳动力市场，从而促进社会融合。从 2012 年 4 月（法律生效）到 2016 年底，联邦职业部门接受了 86000 多份承认申请。大多数外国学历都被证明与德国学位完全等同，2016 年 66% 的申请回复都是如此，而只有 3% 的申请不得不被完全拒绝。其他的申请则实现了部分等同。不被承认的部分可以采取补救措施，按照《通过资格认证实现融合》方案，外国资格与德国参考职业之间确认的差异可以通过提供必要的知识和技能加以弥补。这种补偿是充分获得专业认可的先决条件。随着新的认可补助发放，联邦政府降低了在获得认可的道路上的资金障碍。我们会与商界伙伴一起，加强对职业认可的运作，如与德国工商会及德国手工业中央协会颁发“我们认可”的企业奖金。

7. 教育国际化

德国是世界上教育领域各种多边机构的成员。联合国教育、科学及文化组织（教科文组织）认为教育是个人和社会发展的关键。它促进高等教育、职业教育、教育研究和咨询方面的国际合作。经合组织是国际战略信息和经验交流的平台，制定全球公认的指标及标准。

2018 年，二十个最重要的工业国家和新兴国家集团在阿根廷担任主席期间，将关注的重点放在教育领域的问题，在这一年首次举行了二十国集团教育部长会议，主题是“未来的技能”及教育经费。

在职业教育和培训方面，联邦政府与欧盟的许多伙伴国家、经合组织和其他一些发达国家、新兴国家和发展中国家合作。近年来，许多国家对德国职业培训双轨制度的兴趣不断增加，因为这一制度证明，它对技术人员获得所需的资格能力的培养，达到就业能力和社会参与的关键指标，是卓有成效的。职业培训双轨制对于在国外的德国公司拥有充足的和合格的专业人员配备也具有决定性的意义。因此，联邦政府大幅增加了在这方面的国际交流，并且相应提升了联邦职业教育研究所的咨询能力。

在欧洲，职业培训的双轨制度，以它在培训和就业之间良好的过渡，加上教育和培训联盟的社会伙伴的培训承诺，因而成为青年就业水平低的国家的典范，2013年，欧洲委员会创建了欧洲培训联盟，其目的在于，通过接近实际的培训和与工作相关的学习提高成员国年轻人的就业能力。欧洲培训联盟致力于促进青年就业，支持青年保障目标，同时缩小专业技能与劳动力市场需求之间的差距。欧盟委员会寄希望于政治、企业和社会伙伴的共同行动，对教育系统实现现代化。在这方面，公司自愿承担为学徒提供公司内部培训发挥着至关重要的作用。

为了支持在国际上进一步发展德国的职业教育和培训系统，联邦政府参与了经合组织教育方案的设计。为了支持国际职业培训合作，联邦政府还赞助了设在波恩的教科文组织的职业培训中心。

第二章　德国的研究与创新制度

一、概述

德国是世界上研究最密集、创新程度最高的经济体之一。其基础在于一个强大的研究和创新体系，它结合了基础研究、应用研究和实验开发，让各种不同的学科协同工作。

德国的研究和创新体系的特点是，与国际上其他国家相比，具有高度的连续性和明确的分工。其不同参与者的多层次互动为企业将高质量的创新从研发转化为适应市场的产品和服务创造了框架条件。对联邦政府来说，研究政策、创新政策和教育政策是核心行动领域。它采取针对性的措施，不断地促进德国研究和创新的业绩和竞争力。

第二章第二节介绍了德国研究和创新体系的结构。以简洁凝练的形式介绍了在德国开展研发的公共和私营机构、促进研发以及资助研发的公共和私营机构，解释了国家促进研究和创新的资金工具。接着在第三节对从事研发者和研发资助者分别做了介绍。首先，阐明了联邦政府和各州为科学、研究和开发提供资金的问题，然后解释了在德国研究和创新体系中，经济界、大学、非大学研究机构和政府研究机构以及其他研发资助者是如何行动的。第四节是研究、开发和创新的成绩，以及在国际上做比较，德国在这方面表现的排序。

二、德国研究与创新制度概况

德国研究和创新体系的成功源于多样的框架条件和影响因素的多层次互动。德国研究和创新体系的结构由联邦制的国家结构，国民经济的体量和取向以及它的行动主体决定。在应对社会挑战和全球挑战方面，需要一个在各种机构和参与者的支持下的多样化的研究格局和多样化的经济格局。

联邦政府的研究与创新资助建立在几个基础支柱上。《基本法》是法律框架，联邦政府、各联邦州和欧盟协同工作。《研究和创新协议》以及对研究用途的建筑的资助，包括德国大学的大型设备，都是联邦政府资助行动的具体体现。能够提供有针对性的资助的一系列的工具有：项目资助、机构资助和部门研究的资助。研究和开发是在许多公共机构和私营机构进行的。研发的支出由金融机构（供资评估方）或研究机构（执行情况评估方）进行统计记录（另见第二章第三节研究与开发的筹资和实施）。

1. 体系结构和参与者

德国研究与创新系统是多样化的。这主要源于国家的联邦结构和悠久的科学传统。它的特点是研究领域丰富多样，在核心领域具有较高的专业水平。原则上，德国研究与创新系统可以区分为研发资助者和研发执行者。

研发在公共机构和私营机构的运作。（参见附录 1 插图 1）

（1）联邦政府和各联邦州作为资助者

联邦政府和各联邦州政府是研究和发展的重要资助者。国家促进科学、研究和教学的法律基础是《基本法》以及各联邦州的州宪法。联邦预算条例以及相应的各个州的法律条例构成重要的框架条件。不同的资助方式针对不同的研究：由联邦政府和各个联邦州共同提供的中长期机构资助，用于确保从基础研究到面向应用的研究，以及研究基础设施和德国研究格局的战略定位。联邦政府和各联邦州的项目资助用于支持有时间期限的研究计划、技术和创新项目，项目资助主要用于促进应用型的研究。联邦政府和各州政府为研究和发展提供了国内总支出的大约三分之一（另见第二章第二节 2. 国家资助工具和第二章第三节 2. 联邦政府和各州为研究和开发提供资金）。

科学理事会和联合科学会议设有协调和咨询机构。研究和创新专家委员会 、高科技论坛以及联邦政府、经济和科学之间的创新对话也提供咨询。

（2）进行公共研究

各州管辖下的大学（综合性大学和应用科技大学）是公共研究方面的重要参与者（另见第二章第三节 4. 大学）。除了大学研究之外，还有广泛的非大学研究，其中大部分是在由联邦政府和各州共同资助的机构进行的（另见第二章第三节 5. 非大学研究机构）。其中主要有四个大型研究机构：弗劳恩霍夫促进应用研究协会、赫尔曼·冯·赫尔姆霍兹德国研究中心协会 、哥特弗里德·威廉·莱布尼茨科学协会和马克斯·普朗克科学促进协会。广义的非大学研究机构还有八个联邦州的科学院、德国技术科学院和以德国自然科学家利奥波第那命名的科学院，即德国国家科学院。

部门研究的目的是为政治和行政行为做准备、做支持，以及贯彻执行政治和行政行为。部门研究机构由联邦政府出资维持，这些机构长期处理当前的应用问题，运营国家测量网络，并不断为其他研发机构和其他公共领域用户提供可使用的数据。因此，部门研究是研究创新系统不可或缺的一部分。它与各部门执行的法律任务和技术任务都有关联。这一系列任务或由负责研究和开发任务的联邦机构独自完成，或与其他研究机构合作，又或者通过向外部研究参与者授予研究合同（校外研究）来完成。此外，还有各联邦州和地区研究机构，它们由各州提供资助，部分由第三方资金提供资助（另见第二章第三节 6. 国家研究机构）。

（3）经济

私营经济为德国每年的研发支出提供约三分之二的资金。这些资金不仅用于企业自己的研发活动，也用于与工商界和学术界伙伴的联合研发项目（另见第二章第三节 3. 经济界的研究和开发）。

经济领域的研发是高度应用型的，其根本目的是获取可直接转化的结果。因此，基础研究在私营经济中是不被重视的。研发活动因区域而呈现出不同特点，但其实它们绝大多数是由大型企业决定的。中小企业和创业企业尽管所占的份额较低，但它们也为德国经济部门的创新业绩做出了重大贡献，因为开拓性的创新成果往往来自这一群体。私营经济的另一个结构特点是，与国际上相比，研发能力高度集中在价值较高的技术行业上。

（4）中介人

德国研究创新系统的中介人，一种是以自己的供资方案支持研发行动，一种是代表研究创新执行者利益的人（另见第二章第三节 7. 其他研发资助者），德国研究基金会和德国科学捐助者协会也属于此类。

（5）面向企业的工业研究

奥托・冯・格里克工业研究协会的工作组研究协会，以及德国康拉德・楚泽工业研究基金会下属的外部研究机构，在前竞争研究中起到科学和以中等企业为特色的经济之间的重要衔接功能。

（6）欧盟委员会

欧盟研究和创新框架项目《地平线 2020》（2014—2020 年），于 2014 年 1 月 1 日正式启动，为欧洲研究区的发展做出了重要贡献。同时，此项目也提升了世界范围内欧洲研究格局的形象。这个由欧洲联盟理事会和欧洲议会批准通过的研究和创新方案，委托欧盟委员会管理，资助金额约为 770 亿欧元，是全球此类方案中最大的。它将欧洲的研究资助方案捆绑在一起，比以往任何一个方案更加关注科学、研究和经济之间的合作以及创新。

2. 国家资助工具

在法律框架内，联邦政府和各联邦州可以在国家科学和研究资助方面共同努力。它们拥有一些工具，能够提供有针对性的资助：项目资助、机构资助和部门研究的资助。此外，它们还为德国大学里用于研究的建筑以及大型设备提供资金。

促进研发是国家和社会的共同任务。国际竞争性研究和《基本法》第三节第五条所保障的科学和研究自由需要一个合理的财政框架。根据《基本法》第 91b 条，促进研究是联邦政府和各州政府共同的资助重点。

联邦政府和各州政府根据宪法在国家研究资金方面进行合作。部长理事会负责决定联合供资和相互交流，这实际上是一个联合科学会议，联邦政府和各州政府在其中拥有相同的票数。联合科学会议的使命是解决所有在促进科学、研究和教学时，涉及联邦政府和各联邦州的问题，以及处理所有科学及研究政策战略以及科学系统涉及联邦政府和各州的问题。特别是在跨区域情况下，它根据《基本法》第 91b 条，能够决定对科学研究进行联合资助。(例如《卓越战略》和《高等教育协议》)

联邦科学理事会就大学、科学和研究的实质性和结构发展问题向联邦政府和各州政府提供咨询意见。

同样与科研资助相关的还有欧盟的以促进研究、开发和创新为目的的国家援助框架，以及欧盟《集体豁免条例》第 4 条。德国国家资助框架条件首先是《联邦预算规定》和《联邦预算法》。

(1)机构资助

机构资助与研究机构和科学机构的运作和投资相关，这些机构主要由联邦政府和各州政府长期共同资助。这样的话，德国研究的能力和战略方向可以获得长期的保证。机构资助的例子有：联邦政府和各联邦州根据《基本法》91b 条联合提供的研究资助的赠款，例如，作为弗劳恩霍夫促进应用研究协会、赫尔曼·冯·赫尔姆霍兹德国研究中心协会、莱布尼茨科学协会和马克斯·普朗克科学促进协会这些研究机构的基本资金(另见第二章第三节 5. 非大学研究机构)。

机构资助占政府所有资助金额的三分之一以上。除上述四个研究机构外，联邦政府和各州还为德国研究基金会提供了机构资助。德国研究基金会的核心任务是选择和资助科学家的最佳研究项目。马克斯·韦伯基金会，即德国海外人文研究所是由联邦政府单独承担机构资助的。（另见第二章第三节 6. 国家研究机构和第二章第三节 7. 其他研发资助者）。

（2）项目资助

通过部门获取项目资助，先是以有时间期限的项目提出申请，再进入资助方案或专业方案中进行的。除个人项目外，项目资助也为几个人合作的联合项目提供资金。联邦政府的项目资助是在欧洲和国家层面制定的法律和政治框架下进行的。项目资助分为直接和间接两种。直接项目资助涉及一个具体的研究领域。它应有助于在选定的领域的研究和开发实现或确保达到国际上的高标准。间接项目资助降低了创新的整体风险，并为创新企业，特别是中小企业提供了财政激励。例如，间接项目资助的目的可以是发展和加强研究基础设施、研究合作、技术和创新项目、创新网络以及研究机构与企业界之间的人员交流。自 2017 年将成果的转化作为项目资助的一个核心指标以来，项目资助更加倾向于创新和实践。为此，我们对联邦教育与研究部资助规则做了根本修订，因它是适用于各部门研发项目资助的。

各部门的项目资助活动往往得到被称作项目承担者的支持。他们都是通过竞争程序获得资格的服务提供者。项目承担者大部分在具有专业资格的研究机构的组织部门或私营企业供职，为联邦各部执行科学技术管理任务和行政管理任务。申请这一职位，首先要具备专业和行政咨询经验、资助决策的准备，还要进行项目陪伴和成果控制。此外，项目承担人还必须提供进一步的咨询服务和支持服务。合作可以以合同为基础，必要时还可以通过抵押贷款进行。

附：有关联邦政府资助的信息

联邦政府的“研究与创新”资助咨询机构为提高联邦资金分配的透明度做出了重要贡献。这是联邦政府建立的一个为研究和创新资助提供服务的中心咨询机构，该机构由各个项目的具体负责人或直接项目承担者提供具体的咨询意见。他们对咨询者提供自己亲身经历的第一手信息，感兴趣的人很快就能收到关于联邦资金的适合自己的信息提示，以及与联邦州和欧盟资助相关的很有帮助的入门信息。联邦政府的“研究与创新”资助咨询机构针对的是大学、研究机构和企业，特别是中小企业，以及那些对于公共研发资助经验很少或根本没有经验的企业。因此，它让咨询者获得一目了然的资讯，可以节省大量的时间，尤其是对于创新公司。

联邦政府的“研究和创新”资助咨询机构的服务范围还包括为公司提供引领服务，为中小企业提供具体的咨询意见。联邦政府的“研究和创新”资助咨询机构的服务包括：

确定适当的资助方案并解释条件；

提供关于联邦政府、各联邦州和欧盟研究结构和资助结构的信息；

提供获取资助资金程序的信息；

帮助调整项目创意；

介绍专业联系人和区域联系人。

联邦政府的“研究和创新”资助咨询机构通过电子通信提供新的联邦资助通告、针对中小企业的具体信息和欧盟的资助信息。有项目创意的人可以寻求个人咨询。提供咨询建议是免费的。

(3)委托研究

在部门研究范围内，除了有研发任务的联邦机构进行自己的研究外，研究合同还可以授予第三方。研发项目——原则上通过竞争——由各部门自己或负有研发任务的联邦机构以合同的形式授予，或根据授予或赠款法律条例发放赠款。

合同接受者或赠款接受者可以是所有从事与科学相关工作的个人和机构，其中也包括非营利研究机构和工业研究机构。研发项目授予的基础是这样的一类计划，既可以灵活地满足目前部门研究需求，同时又可提供长期的研究路线。研发结果原则上会予以公布。

三、研究与开发的筹资和实施

在德国，企业和国家一起促进和资助研究和开发，并对研究和开发进行运作。自 20 世纪 90 年代以来，研发的支出稳步增加。2016 年，德国在研发上投资超过 920 亿欧元，占其经济产出的 2.93%。在经合组织国家中，它跻身研究最密集的前 10 名。

研究和开发是由不同的公共机构和私营机构进行的。德国研究创新体系的这种差异在融资上可以体现出来。基本上由公共资助的机构研发项目也接受第三方供资，而企业的研发项目又可以得到部分公共资助（另见第二章第三节 1. 研发支出和研发人员）。

德国为实现《欧洲 2020》增长战略提出的增长达到 3% 的目标做出了实质性的贡献。德国研发支出的比例高于欧盟平均水平，也超过美国研发支出比例。根据目前的估计，2016 年欧盟 28 国的平均研发强度为 2.03%。在欧盟内部，只有瑞典和奥地利的研发强度高于德国。

根据联邦统计局的最新数据，2016 年，联邦政府和经济界在实施研发方面的支出总额约为 922 亿欧元，使德国成为世界上研究最密集的 10 个经济体之一。近年来，研发部门的就业人数急剧上升，在德国，2016 年有 65 万多人（全职同等人员）在从事研发工作，2015 年，德国大学聘用了 43000 多名外国科学家。（参见附录 1 插图 2）

1. 研发支出和研发人员

经济界与国家一起为大学、非大学研究机构和私营企业的研发机构的研发活动提供了充沛的资源。近年来，德国的研发支出和研发人员的数量都在不断增长。

2015 年，研发的支出总额为 888 亿欧元（注：根据联邦统计局的最新数据，2016 年，国家和经济体在实施研发方面的支出总额约为 922 亿欧元。按照惯例，2018 年的联邦研究与创新报告要以最终数字为准计算得出。在研发支出和研发工作人员方面，以 2015 年的数据为参考。其他数据则分别具体指出。）。

这些资助资金分别来自国内经济界、国家、非营利性私营机构和国外。2015 年，经济界的研发投入占国内研发支出总额的近三分之二，约为 582 亿欧元。与国际上其他国家相比，这一比例非常高，被认为是德国研究创新系统的一个特点。联邦政府、各州和非营利私营机构提供了约 251 亿欧元的资金。其余 55 亿欧元来自国外。

2015 年有近 610 亿欧元，也就是三分之二以上的国内研发支出投向了企业。其中绝大多数（近 90%）是由经济部门自身提供的。在公共研发支出方面，大学使用了约 153 亿欧元。联邦政府和各州及各地区的研究机构以及非营利的私营机构的支出为 125 亿欧元。大学以及非大学机构和国家机构的研究活动大部分是由国家提供资助的。（参见附录 1 插图 3）

在过去几年里，研发的国内总支出持续上升，2015 年达到约 888 亿欧元。与 2005 年相比，研发方面的国内总支出增加了 59% 左右。然而，研发的国内总支出在企业、高等教育机构以及国家和非营利的私营机构之间的分布情况变化不大。

在德国，2016 年研发部门共有约 658000 人（以全职同等人数计算）。与 2005 年相比，研发部门的就业总人数增加了三分之一以上（38%）。2015 年，约有 175000 名女性在研发部门就业（27%）。与 2005 年的约 122000 名女性相比，这一比例增加了 40% 以上。尽管女性在研发部门任职的人数在过去 10 年中显著增加，但女性任职人数仍然偏低。（参见附录 1 插图 4）并且各部门之间存在明显差异。2015 年，女性在大学中的比例刚刚超过 43%，在非大学研究机构和部门研究机构中的比例为 40%。而在经济部门，研发人员总数中只有约 19% 是女性。

2. 联邦政府和各州为研究和开发提供资金

在为企业、大学和非大学研究机构的研发项目提供资金方面，联邦政府和各州政府在跨区域的情况下，进行密切合作。德国的联邦制度也使联邦政府及各联邦州有机会，能够在各自责任领域资助研究和创新。

公共资助的研究在德国具有非常重要的价值。2015 年，联邦政府和各州政府在研发上的支出约为 264 亿欧元。联邦政府在研发方面的大部分支出是通过德国联邦教育与研究部和德国联邦经济与能源部提供的。政府对研究的资助主要用于促进基础研究和应用型研究。

（1）联邦政府在研发上的支出

2017 年，联邦政府研发支出约为 171 亿 欧元（预计）。近年来，联邦研发支出的快速增长明显超过了 20 世纪 90 年代和 21 世纪初。联邦研发支出的约 60% 分给了德国联邦教育与研究部，约 20% 分给了德国联邦经济与能源部，约 7% 分给了联邦国防部。（参见附录 1 插图 5）2018 年 2 月，联邦政府和各州政府确认，研发支出在国内生产总值方面的增加是《欧洲 2020》增长战略的子目标。〔注：联合科学会议（2018 年）：增加国内生产总值中的研发支出作为《欧洲 2020》增长战略的一个子目标；关于研发 3% 目标的评估报告；呈送联邦政府和各州政府首脑的报告。〕

联邦政府的研发支出在很大程度上用于项目资助、部门研究和机构资助。项目资助和部门研究总的支出约为 83 亿欧元（2017 年预计）。机构资助方面的相应支出约为 77 亿欧元（2017 年预计）。近年来，联邦政府用在直接项目资助和部门研究的研发支出持续增加，2017 年加起来约为 74 亿欧元（预计）。仅仅德国联邦教育与研究部就提供了其中的 39 亿欧元资金。德国联邦教育与研究部 、联邦经济与能源部和联邦国防部加起来，总共占联邦政府直接项目资金和部门研究支出的 80% 以上。

2017 年，联邦政府在研发框架内用于间接资助研究和创新的支出约为 9. 44 亿欧元（预计）。

（2）联邦政府和各州联合促进研究和科学

联邦政府和各州政府共同努力，资助跨区域的科学研究的设施和计划。联邦政府和各州政府联合资助研究的具体举措是在联邦政府与联邦州协议的基础上进行的。

2017 年预计联合资助总金额约为 153 亿 欧元，其中包括研究支出和科学支出，这些资助由联邦政府出三分之二，州政府出三分之一的金额。在 2017 年计划为供资领域提供的资金总额的详细分配中，“2020年高等教育协议”项目将由联邦政府和各州政府共同出资约49亿欧元，占其中最大份额。对《2020年高等教育协议》的第一个支柱项目将提供约45亿欧元。对参与《研究和创新协议》的科学研究机构（德国研究基金会、弗劳恩霍夫促进应用研究协会、赫尔姆霍兹德国研究中心协会、莱布尼茨科学协会和马克斯·普朗克科学促进协会）的资助金额加起来约为89亿欧元。

《研究和创新协议》是联邦政府和各州机构研究资助的一部分，资助总额为99亿欧元（2017年预计）。其中，联邦政府承担约71亿欧元，联邦州承担27亿欧元。

对研究用途建筑和大型设备的大量投资，目的在于提高大学的国内竞争力或国际竞争力。具体来讲，研究用途建筑是不动产，从预算来看，意味着建筑的新建、改建和扩建与设备初装，以及大型设备的采购也包括在内。根据《基本法》第91b条，这笔资金将由联邦政府和受资助的大学所在州联合提供。对大学的重大投资有助于德国科学研究保持领先，有助于维护德国科学研究在国际上的重要地位，另外，还有助于改善研究的竞争机会。

（3）国家研究基础设施路线图

研究基础设施是任何一个科学系统不可或缺的重要组成部分，对国家研究地位具有特别重要的意义。研究基础设施包括大型设备，如粒子加速器、卫星、望远镜系统和研究船，以及数据基础设施、社会科学和医学的纵向研究和资料收集。研究基础设施可以是固定地点的或虚拟的、集中的或分散的、地面的或在轨道上的；它的使用寿命设计至少是10年。

鉴于研究基础设施建设时期长、使用时间长，对研究基础设施的整体结构影响明显，而且投资成本非常高，我们必须对新的研究基础设施的建设和扩建进行战略准备。

为此，在试点经验的基础上，2015年设计出了《国家研究基础设施路线图》，作为今后投资的研究政策优先考虑的战略工具。其总体目标是根据统一、公平和透明的程序评价新方案。2016年初，德国科学协会的代表有机会利用他们对新的复杂研究基础设施的设想，利用联邦政府资助的至少为5000万欧元（在人文科学和社会科学方面联邦政府资助的金额是2000万欧元），参与路线图的设计进程。提交的方案经过严格的评估过程，评估标准是高科学含量、经济可支撑的规划，并具有重大社会意义。新的具有优先概念的《国家研究基础设施路线图》预计将于2018年上半年公布。它应该导向更有效的规划安全，并为更好地研究战略和研究筹资战略指明方向。这种改变目的在于，促进与国内伙伴和国际伙伴的进一步协商和网络一体化。

(4)联邦州在研发上的支出

在研发方面，除了联邦政府的行动以及联邦政府和州政府的联合行动外，联邦州还推行针对各州的研究、技术和创新的政策措施，包括高等教育机构的基本投资。这涉及各个地区的潜力以及空间结构和特点，有助于加强德国研究创新系统的整体性。2015 年，各联邦州在研发（不包括各地区）上的支出约为 113 亿欧元。

(5)国家促进经济界的研发

在德国，国家对经济界中研发的资助利用了项目资助工具，并大量投放在前竞争型、应用型的研究项目上。通过资助专业项目促进基本技术提升，推动重要应用领域的发展，从而成为许多行业的增长动力。“高科技战略”的重点是与气候、能源、工作、健康、营养、流动性、安全和通信有关的问题。此外，还有专门的技术开放的资助方案，这些方案主要针对中小企业，可使它们从中受益，这些方案也可持续加强科学、经济和社会之间的联网和转化。

捐助者协会最近的调查显示，在政府为企业研发提供的所有资金中，约 45% 投向职员不足 250 人的中小企业。而这部分中小企业大约 17% 的研发资金来自政府。这表明，在德国，国家针对中小企业的研发资助比例很高。而对于拥有 500 名以上员工的公司来说，政府支持只占研发支出的 1.9%。

这样做，是符合联邦政府大力促进中小企业发展的目标的。因此，近年来，联邦政府为中小企业提供的研发资助再次明显增加。资助金额从 2007 年的 7.83 亿欧元增加到 2017 年的 15.5 亿欧元，资助额翻了一番。

3. 经济界的研究和开发

企业内部的研究和开发是繁荣和就业的推动力，经济部门的研发活动正在带来新的改进的产品、生产流程和服务。在德国，三分之二的研发活动都是在企业中进行的，研发资金主要由企业自身支付，这些企业中很大一部分是拥有自己研究部门的大型国际公司。然而，研究密集型中小企业作为区域创新的助推器，具有非常重要的意义。

2015 年，德国经济的内部研发支出总额接近 610 亿欧元，这大约相当于国内生产总值的 2%。这笔支出的绝大部分（2015 年为 547 亿欧元）由企业部门自己承担，因此自筹资金份额达到了近 90%。此外，德国企业还参与公共部门研发活动的资助。2015 年，企业在大学和非大学机构研发活动中的资助比例分别达到 14% 和 11%。

除了经济界对研发的大力支持外，密切合作对于德国企业取得创新成果至关重要。这些合作使研究成果能够转化为创新产品和服务。一个显示这种研究合作的指标是内部研发和外部研发之间的比例。企业的内部研发支出是指公司为自己的研究人员进行研发活动提供的资金，外部研发支出包括分给其他公司、大学和研究机构的研究合同所产生的支出。2015 年，（全国）企业中的内部研发支出接近 610 亿欧元，外部研发投资约 170 亿欧元，这其中约 12% 的资金是由企业支付给大学和研究机构的。

经济部门的研发主要由德国的大公司提供资金并加以实施。在德国，员工超过 500 人的公司在（全国）内部研发支出上所占比例为 87% 。（参见附录 1 插图 7）员工不足 250 人的中小型企业在（全国）内部研发支出上所占比例为 9% 左右。2015 年，中小企业（最多 250 名员工）在研发方面的内部支出约为 53 亿欧元。

同时，中小企业在外部研发合同上的支出约为 8. 27 亿欧元。中小企业的外部研发支出大多保留在经济部门内部（约 45%）。与大公司相比，德国的中小企业常常更多地将外部研发合同授予大学和非大学研究机构（所产生的支出在研发总支出里约占 27%）。而对于大公司来说，授予大学和非大学研究机构的外部研发合同所产生的支出在研发总支出里份额只有 7% 左右。

德国企业研发结构的特点是高度集中在研究密集型行业的部门，这些部门承包了企业 2015 年研发支出的四分之三。研究密集型行业包括机械制造和车辆制造、化工行业和制药行业以及电气工业。在研究密集型产业中，具有高价值技术的工业部门具有特殊的意义，它们的内部研发支出在全国企业内部研发总支出中约占一半（约 53%），汽车制造业在这里占有突出的地位。高科技产业的内部研发支出在全国企业内部研发总支出中约占四分之一（约 22%），与国际上相比较，重要性较低。研究密集型的服务也是如此，它们的内部研发支出总共占德国企业的内部研发支出的 12% 左右。

在经济领域所有内部研发支出中，有三分之一以上（约占 35%）使汽车行业受益。

经济部门雇用了约 405000 人（2015 年），占在德国工作的研发人员中的绝大多数（约 63%），女性的比例约为 19%（约 75 400 人）。与大学和非大学研究一样，经济部门的研发人员多年来大幅增加。同样，专职研究人员在研发人员总数中所占比例也在增加，2015 年比例为 57%，大多数研究人员受雇于汽车制造（约 6850 人）、电气工业（约 53000 人）和机械制造（约 22000 人）。

4. **大学**

大学在实施研究和开发方面发挥着重要作用。他们将普及教育与尖端研究相结合，并培养年轻的科学研究人员。通过在区域一级与中小型企业密切合作，大学对德国经济的创新能力做出了决定性贡献。大学的研究范围从基础研究到经济方面的应用型研究和开发均有涉及。

从传统上看，大学是德国研究创新系统的支柱之一。2015 年，他们开展研发活动的花费约 153 亿欧元，占研发支出总额的 17%。大学的重要地位建立在研究活动的主题、学科及方法的高度多样化的基础上，以及建立在对年轻研究人员的培养上。

在德国，所有由国家建立的综合性大学和应用科技大学，或国家承认的私立的和教会的综合性大学和应用科技大学都被认定为大学。这些大学成为研究、大学生研究能力培养和青年研究人员培养之间的衔接关键，因此，它们为德国研究创新体系做出了重大贡献。大学有多种多样的合作：在大学和应用科技大学内的、它们彼此之间的以及与非大学研究机构之间的合作，比如联合项目和由德国研究基金会资助的特殊研究领域都属于这类合作。此外，大学还有所谓的附属机构，这些都是法律上独立的机构，虽然在组织、人员和空间上与大学有联系，但并不是其中的组成部分。其任务是在应用研究与市场相关产品开发之间探索与经济和应用密切相关的领域。

应用科技大学在应用型研究和开发中发挥着越来越重要的作用。就其实际相关性和区域参与而言，它们是科学与商业之间的重要连接，也是本区域没有自己研发部门的中小企业注定的伙伴。

根据联邦统计局的资料，德国目前有 428 所大学，其中 106 所是综合性大学、6 所师范大学、16 所神学院、53 所艺术学院、217 所普通应用科技大学和 30 所行政学院。

5. **非大学研究机构**

由联邦政府和各州政府共同资助的非大学研究机构是德国公共研究的另一个支柱。他们的任务涵盖了从基础研究、部分国际上独特的基础设施、到与工业相关的面向应用的研究的整个领域。

这四个研究机构，弗劳恩霍夫促进应用研究协会、赫尔姆霍兹德国研究中心协会、莱布尼茨科学协会和马克斯·普朗克科学促进协会都属于非大学研究机构，参加德国科学院联盟的几所科学院也包括在内。此外，还有一些机构，如马克斯·韦伯基金会、柏林研究学院、德国高等教育和科学研究中心、与马克斯·普朗克科学促进协会联建的恺撒基金会以及柏林健康研究所和未来之家也都是由公共资金资助的（另见第二章第三节 6. 国家研究机构）。

2005 年至 2017 年期间，联邦政府和各州政府共同资助的研究机构的研发支出从 51 亿欧元增加到了 99 亿欧元（预计）。这主要是由于《研究和创新协议》的实施和第三方资金的强力介入，研发支出相应增加了约 94%。

(1) 弗劳恩霍夫应用研究促进协会

弗劳恩霍夫应用研究促进协会（简称弗劳恩霍夫）是欧洲最大的应用型研究机构。它的研究领域分为健康与环境、保护与安全、交通和运输、能源和原材料、生产和服务以及通信和知识。

弗劳恩霍夫目前在德国各地设有 72 个研究所。此外，还有在欧洲、北美和南美的子公司，以及弗劳恩霍夫代表处和弗劳恩霍夫高级顾问。它们为全球提供了进入当前和未来最重要的科学领域和经济领域的机会。

弗劳恩霍夫拥有超过 25000 名员工。2017 年的研究金额约为 23 亿欧元，约 20 亿欧元用于合同研究，其中约 70% 是工业合同和公共资助的研究项目合同（截至 2018 年 1 月），其应用研究的影响超出对客户的直接利益。弗劳恩霍夫研究所通过其研发活动，为区域竞争力做出了重大贡献。它们促进创新，加强技术性能，提高对现代技术的接受程度，并负责对科学技术后备力量进行实践性的教育和培训。

弗劳恩霍夫的另一项重要任务是战略研究，在联邦政府和各州机构资助的框架内，弗劳恩霍夫正在开展有助于社会创新和关键技术创新的研究项目。研究领域包括信息与通信技术、生命科学、微电子、光和表面、生产、材料和部件以及国防研究和安全研究等。

弗劳恩霍夫一贯与各大学保持密切合作。在此过程中，它在基础研究方面的资源获得了补充，并且招募到了年轻的科研后备力量。而大学通过实践培训和共同处理实践研究课题，也从与弗劳恩霍夫的合作中受益。这种合作的特点还在于，联合任命教授职位和弗劳恩霍夫研究所的管理人员。

(2) 赫尔姆霍兹德国研究中心协会

赫尔曼·冯·赫尔姆霍兹德国研究中心协会的任务是，追随国家和社会的长期研究目标，维护和改善人类的基本生存条件。它的尖端研究以战略方案为目标，涉及以下六个研究领域：能源，地球与环境，航空、航天和运输，物质，卫生和关键技术。赫尔姆霍兹德国研究中心协会正在与国内和国际合作伙伴一起，利用大型设备和基础设施对高度复杂的系统进行探索研究。它的研究特点在于，将研究和技术开发与创新应用和前瞻性视角结合在一起。

赫尔曼·冯·赫尔姆霍兹德国研究中心协会是由 18 个自然科学及技术研究中心与医学生物研究中心联合组成的。2017 年，赫尔姆霍兹协会以其研究中心 45 亿欧元的年度预算，成为德国最大的科学组织。其中超过三分之二的资金由公共机构提供，平均大约 30% 的资金是赫尔姆霍兹德国研究中心协会下属各研究中心从公共和私营部门筹集的第三方资金，其中一些研究中心自筹资金占比更多，在赫尔姆霍兹德国研究中心协会里的研究中心雇用了 38733 人（2017 年 7 月数据），其中 14452 人是科学家，8054 人是导师带领的博士生，1561 人是接受培训的学员。赫尔姆霍兹德国研究中心协会的尖端研究具有竞争力，其成果产生了全球影响，因而赫尔姆霍兹协会在国际上也获得了广泛的认可。再加上战略性国际联盟的建立，与国内和国际科学界伙伴，特别是与大学和企业的合作和联网，同样使赫尔姆霍兹德国研究中心协会声誉卓著。赫尔姆霍兹德国研究中心协会的一项特殊职能是培养国际科研后备力量。每年都有数千名科学家来到赫尔姆霍兹的各研究中心，就是为了使用一些在世界上独一无二的大型设备进行研究，2016 年，10176 名外国科学家使用了赫尔姆霍兹各研究中心的基础设施。赫尔姆霍兹德国研究中心协会在布鲁塞尔、北京、莫斯科设有直属国际办事处，还即将在以色列设立办事处。此外，一些下属的研究中心还建立了自己的外国办事处。例如，德国航空航天中心在布鲁塞尔、巴黎、东京和华盛顿都有自己的办事处。

（3）莱布尼茨科学协会

戈特弗里德·威廉·莱布尼茨科学协会（简称莱布尼茨协会）负责探索与社会、经济和生态相关的问题。它开展知识导向和应用导向的基础研究，维护科学基础设施和科学博物馆，并提供基于研究的服务。此外，向政治、科学、经济各界和公众进行知识传播也是莱布尼茨协会的工作重点。

莱布尼茨协会的成员是 93 个研究机构。它们由联邦政府和州政府共同资助。这些机构的研究范围涉及自然科学、工程科学和环境科学、经济学、空间科学和社会科学以及人文科学。2016 年，莱布尼茨协会下属机构的总预算约为 18 亿欧元，其中大部分来自机构资助，约占 11 亿欧元。从公共和私营部门筹集的第三方资金也为数不少，2016 年约为 3.84 亿欧元。

莱布尼茨协会各机构的员工 2016 年达到 18668 人，其中 9485 人是科学家，3791 名是导师带的博士生，383 人是接受培训的学员。男女机会平等是莱布尼茨协会关注的重点。在莱布尼茨协会里，博士生中女性的比例为 47%，在科学工作者中女性的

比例为44%，科学管理职位中女性的比例为近35%

与高校的合作对于莱布尼茨协会具有战略意义。2016年，莱布尼茨研究所的高级研究人员共收到348份到大学任职的联合任命。2018年，莱布尼茨协会已经拥有19个科学校园，因而它为大学和非大学研究的合作提供了一个良好的运作模式，科学校园使大学和莱布尼茨机构之间能够以平等、互补的区域伙伴关系开展以主题为重点的合作。2018年，莱布尼茨协会有12个研究所将对目前与科学和社会密切相关的问题进行研究，莱布尼茨研究院所有专业部门积极合作，汇集学科间的互补能力共同攻关。

(4)马克斯·普朗克科学促进协会

马克斯·普朗克科学促进协会由84所马克斯·普朗克研究所组成，该协会主要从事自然科学、社会科学和人文科学的基础研究（截至2017年1月）。马克斯·普朗克协会的资金主要来自联邦政府和联邦州的公共资助，2017年，资助额约为18亿欧元。它的研究特点是，研究内容跨学科性强，并需要特别的财政投入或时间投入。自1948年成立以来，马克斯·普朗克科学促进协会的科学家队伍中共产生了18位诺贝尔奖获得者。马克斯·普朗克科学促进协会有22995人，其中6488人是科学家，2355人是导师带领的有资助合同的博士生。女性在全部就职者中所占比例约为44%，在博士生中约占39%，在科学工作者约占31%（截至2016年12月31日）。

马克斯·普朗克科学促进协会旗下的研究院提供非常优越的研究条件，因此在德国，它是对国际上顶级科学家最具吸引力的研究所之一。现在它有三分之一(35%)的研究所所长来自国外，47%的研究人员和一半以上的后备研究人员及客座研究员（约54%)来自国外。持有外国护照的奖学金获得者比例甚至在83%左右。

马克斯·普朗克科学促进协会的鲜明的国际定位，体现在与国际上科学家的频繁交流上，体现在它的研究院引领科学研究方向的合作上以及培养科学后备力量的国际马克斯·普朗克研究学院上。在118个国家里，马克斯·普朗克科学促进协会各研究所有4500多个合作项目，以及大约5400个合作伙伴。

特别值得一提的是马克斯·普朗克科学促进协会与德国大学的密切合作。在马克斯·普朗克科学促进协会工作的300多名科学家接受任命，在德国大学担任荣誉教授或计划外教授。此外，还有43名由马克斯·普朗克科学促进协会和大学共同任命的大学教授在马克斯·普朗克研究所工作。在德国研究基金会的特殊研究领域中，马克斯·普朗克科学促进协会旗下的研究院几乎参与了其中的近三分之一的研究。

（5）德国科学研究院

科学研究院的根本任务是协调基础研究的长期项目，促进跨学科对话，其他职责还包括为政治和社会各界提供以科学为基础的咨询意见。通过召开专题讨论会和组织公共活动，德国科学研究院为促进科学、社会和经济之间的密集对话做出了贡献。各个联邦州的科学院的基本预算由各联邦州负责提供。柏林、杜塞尔多夫、哥廷根、汉堡、海德堡、莱比锡、美因茨和慕尼黑的科学研究院已经自己组成了德国科学研究院联盟，以协调各个科学研究院之间的基础研究，并在面对国内外的科学机构时表现得更有成效。科学研究院联盟里总共有 1900 多名来自不同学科专业的科学家，他们都是在其学科里国内和国际上杰出的代表人物。

科学研究院联盟协调“研究院项目”的研究，这是德意志联邦共和国目前最大的人文研究项目。它由联邦政府和州政府各提供一半资金，总额约为 6500 万欧元（2017 年预计）。

位于慕尼黑的德国技术科学院和位于哈勒的利奥波第那科学院，即国家科学院也属于德国科学研究院。德国技术科学院约有 500 名来自学术界和经济界的成员（截至 2017 年）。一方面，该学院旨在促进科学、经济、政治和社会之间的对话；另一方面，学院对德国未来国际地位具有重要意义的技术议题提供自主和独立的咨询意见及信息。除了联邦政府和各州的资金外，德国技术科学院还接受经济界的资助。

利奥波第那科学院还被赋予国家科学院的任务，由联邦政府（德国联邦教育与研究部）和萨克森－安哈尔特州以 80：20 的比例提供资金。目前约有 1500 名成员，主要来自德国，但也有来自奥地利、瑞士和其他国家的人员。作为一个国家的科学院，它的任务是在国际学术界代表德国科学家。此外，它还与德国技术科学院和科学研究院联盟合作，承担着向政治界和公众提供科学咨询的具体任务。

利奥波第那科学院旗下拥有两所培养青年科学家的学院：青年学院筹建于 2001 年，于 2011 年正式成立，负责为德国的青年科学家举行特别听证会，并为他们提供发展的可能性。国际青年学院自 2017 年以来附属于哈勒的利奥波第那科学院，它是在德国的大力支持下建立的。国际青年学院的办公室也获得联邦政府资助。目前，国际青年学院有 200 名成员和来自约 70 个国家的 100 多名校友。该学院将自己视为全世界青年科学家的代言人。它在德国的长期据守有助于德国青年科学家与国际上的同专业同事建立网络化联系。

6. 国家研究机构

除了大学以及联邦政府和各州资助的科学机构、研究和开发机构外，国家研究机构还直接执行研究和开发任务。他们执行法定的任务，如批准、测试和监管，并通过科学上合理的咨询意见支持政治决策进程。负责研发任务的联邦机构以及联邦州的机构（联邦政府和各州政府的部门研究机构），也属于国家研究机构。

国家研究机构是德国研究与创新系统不可或缺的一部分。他们的任务是为政策提供科学的咨询意见，并解决短期的研究问题。要做到这些，需要了解诸如现代技术的应用及其影响、健康和营养、交通和城市发展、环境、能源和气候保护、不断变化的工作和生活条件以及全球化经济面临的挑战等各个方面的知识，并在此基础上展开工作。只有这样国家才能做好准备，确保安全。联邦机构在主管部门的任务范围内开展活动。此外，担负有研发任务的联邦机构也负责培养青年科学家。

联邦研究机构在欧洲和国际机构中参与规范化和标准化工作，参与立法进程的筹备工作，这些工作赢得了越来越重要的意义。

近几年，联邦政府增加了执行研发任务的联邦机构所需的研发活动资金。研发支出从 9. 6 亿欧元（2013 年）增加到约 11 亿欧元（2016 年）。

每个联邦部门对自己的部门研究负责（即部门原则）。部门研究由联邦各部门自己或者由目前 37 个负责研发任务的联邦机构进行或委托进行。此外，各部门在部门研究方面不断与其他研发机构合作，这种持续合作的范围从定期交流信息到进行合作以及根据《资助法》的规定提供机构资助。

有研发任务的联邦机构拥有出色的研究基础设施。这些基础设施通常也可供外部的研究团体使用。因此，它们为加强德国研究与创新系统的参与者之间的相互联系做出了贡献。有研发任务的许多联邦机构拥有自己的专业信息设施和专业图书馆，它们向执行部门研究任务的机构提供不可或缺的服务，或者也可供感兴趣的专业公众使用。

负有研发任务的联邦州机构和地区机构由各联邦州提供机构资助，部分由第三方资金提供资助。担负有研发任务的地区机构和联邦州机构（不包括莱布尼茨协会）的内部研发支出从约 2. 01 亿欧元（2014 年）增加到约 2. 09 亿欧元(2016 年)。另外，各联邦州的研究机构受到各自联邦州的照顾，至少 50% 的资金是由各自联邦州提供的(注：原则上，科学院也属于这类机构。由于它们的特殊定位和学院项目的资金部分，本报告将其归入非大学研究机构中介绍。本报告不考虑档案、图书馆、博物馆和类似机构，除非它们属于莱布尼茨协会。)。

7. **其他研发资助者**

德国研究基金会是德国最大的科学自治组织。其任务是为知识主导的研究项目提供财政支持，其中大部分项目集中在大学。此外，各类基金会和资助组织同盟也为科学和研究筹资做出了贡献。欧盟委员会的国家研究、发展和创新援助框架对德国的研究与创新体系也很重要。

（1）德国研究基金会

德国研究基金会是德国科学界的自治组织。其核心任务是通过竞争选择出大学和研究机构研究人员的最佳研究项目并进行资助，而资助资金的大部分由大学里的科研人员获得。德国研究基金会的法定任务还包括促进研究人员之间的国内和国际合作，促进青年研究人员的发展，以及在科学问题上为议会和当局提供咨询。

德国研究基金会是根据民法成立的协会。其 96 名成员来自大学、非大学研究机构、科学院和科学协会。自 2002 年以来，联邦政府和各联邦州通过机构资助为德国研究基金会提供资金，联邦政府及联邦州资助比例为 58% 和 42%（见 2001 年 4 月 11 日修订的《研究资助框架协定》和德国研究基金会《联合资助执行协定》)。2016 年和 2017 年，德国研究基金会每年各收到约 31 亿欧元的资助（包括项目一次性全包津贴）。

（2）各类基金会及其资助工作

在德国，许多公益性的基金会或资助组织同盟为科学和研究筹资做出了巨大的贡献。

以资助研究为目标的基金会是对国家研究资金的补充，也是私人资助参与科研的体现。德国重要的研究资助基金会有大众汽车基金会、罗伯特·博世基金会、克劳斯·齐拉基金会和美卡托基金会等。这些基金会对来自不同科学领域的项目或机构提供资助。在促进德国科学和研究的企业联合倡议下成立了德国科学资助者协会。在德国科学资助者协会旗下，2017 年为 650 多个基金会提供了服务，管理超过 29 亿欧元的总资产。

与以上基金会不同的，还有一些基金会和协会，它们的资助大多或完全来自公共资金，或联邦政府参与其创始筹资。除德国研究基金会外，这些组织还包括亚历山大·冯·洪堡基金会、德国联邦环境基金会和德国和平研究基金会、高等教育范围的天才教育促进协会和德国学术交流中心。

（3）欧盟

欧盟也是德国研究与创新体系中的重要资助者和推动者。其主要资助工程是欧盟研究和创新框架方案《地平线 2020》(2014—2020 年)。已经批准的供资总额约为 770 亿欧元,因此,《地平线 2020》是世界上最大的自成一体的研究和创新资助方案。欧盟借此想要达到的目标是,在欧洲创造可持续增长和可持续就业,从而增强欧洲的竞争力。《地平线 2020》的受惠者是大学、研究机构、企业(特别是中小企业)和其他创新发展参与者。《地平线 2020》从为基础研究项目提供资金,到准备适销对路的产品和服务,支持研究和创新过程的所有阶段。

《欧洲在科学和技术研究领域的合作》和《加强欧洲技术合作提案》是两项政府间的提案,或者更确切地说是网络工程,欧洲各国或欧盟以此支持欧洲的研究机构和企业之间的合作。这些合作提案在很大程度上是由科学利益和商业利益推动的;它们以极好的方式补充了欧盟框架方案。

四、研发和创新的成果

研究和创新在知识经济的发展中发挥的作用,怎么评价都不过分。国家研究与创新系统的研发成果和创新成果有助于确保企业的长期竞争力和持续就业。与其他工业化国家和新兴经济体相比,德国在研究与创新的核心参数上保持甚至改善自己的地位。这种积极的发展态势从相关创新指数中也可以看到。

与欧洲国家和全球其他国家相比,德国研究与创新体系的性能受到高度评价。涵盖研发成果和创新成果的各个层面的指标有:科学出版物、与世界市场相关的专利、与经济界的合作、企业创建、经济产品创新和生产工艺创新,以及研究密集型商品在世界贸易中所占的份额。

近年来,德国的科学出版物数量持续上升,德国出版物在世界上被引用频次最多的出版物里占的比例同样也在上升。2016 年,德国经济通过产品创新实现了约 27190 亿欧元的销售额。从世界贸易份额来看,德国的研究密集型商品与欧洲其他国家相比处于顶尖地位。(参见附录 1 插图 8)

看个别产出指标的好处在于,使相互比较简单而透明。然而,相对于研究与创新系统的复杂性来讲,这样的指标并不总是合适的,因为它只是反映了创新表象的个别方面。为了显示完整的情况,以下部分将选定的单个指标凝练为总体指数,形成指标系统。

1. **研发成果**

成功的研发活动带来了新的发现，这些发现发表在科学出版物上。科学出版物是科学研究的一项重要产出。

整个国民经济和个别科学学科的科学表现可以用文献计量方法进行分析。但是，应当考虑到，对公布的指标进行数量比较需要对数据进行仔细收集和谨慎解释。科学的各个学科之间出版习惯存在相当大的差异。在过去 20 年里，德国的科学出版物数量持续增加，2016 年达到每百万居民 1.367 种出版物。这意味着出版强度比美国或日本都要高。

出版物的重要性，可以从其他科学家引用结果的频次中看出。优秀率是用来衡量这个引用频率的，它反映了出版物在各自的科学学科中，在世界上被引用最多的 10% 的出版物中所占的比例。近年来，德国提高了自己优秀率的排名，2016 年，德国整个科学出版物的优秀率为 12.2%。总体而言，德国的科学成就在各个学科的出版越来越多地达到顶级水平。（参见附录 1 插图 9）

专利是经济利用研究成果的重要基础，它们是一个经济体技术能力的关键指标。专利强度反映了每百万居民中与世界市场相关的专利数量，与市场相关的专利指的是在欧洲专利局或世界知识产权组织注册的发明。2015 年，德国每百万居民中就有 371 项与世界市场相关的专利。因此，与美国相比，以人口为参数的话，德国与世界市场有关的注册专利比例几乎是美国的两倍。（参见附录 1 插图 10）

在欧洲，除了德国，瑞士、瑞典和芬兰专利强度也是非常高的。在过去 10 年中，日本和韩国显著扩大了专利活动，中国在这一指标上处于较低水平。在研究密集型行业注册的专利特别重要，瑞典、美国、日本、韩国和中国在这方面走在了前列。在研究密集型行业中，德国在高价值技术（如汽车工程、化学和机械工程）方面占据极其强大的地位。

2. **创新成果**

当研发成果被公司利用，通过新的或改进的市场产品或通过生产力的提高，转化为创新成就时，科学和商业在研发上的投资在经济收入中得到回报。在德国，欧洲经济研究中心对德国经济的创新行为进行了年度调查，核心的标准是德国经济的创新支出、创新强度、创新率和创新成就。2016 年，德国经济的创新业绩的许多关键数据得到了改善。

2016 年，德国企业的创新支出达 1588 亿欧元，其中工业占了四分之三以上。与上一年相比，创新支出增长了 2%。与欧洲其他国家相比，没有哪个国家的创新支出像德国一样多。2016 年创新支出的增加不仅是由大公司推动的，也是由中小企业推动的。2016 年，员工不足 250 人的中小企业在创新活动上的支出超过 260 亿欧元。

创新强度衡量的是德国经济创新支出在销售额中所占的份额。与前年一样，2016 年为 3% 。然而，自 1990 年代末以来，大公司与中小企业之间的创新强度差距越来越大。虽然大公司将 3.8% 的销售额用于资助创新活动，但中小企业的这一数额仅为 1.4% 。

创新率衡量的是在过去三年中至少引入一种产品创新或一项工艺创新的公司的比例。2015 年有 35% 的公司是创新者，2016 年这一数值约为 36% 。这表明，近年来观察到的创新率下降并未延续。在大多数其他欧盟成员国也可以看到创新率长期下降的趋势。德国的电子、测量技术和光学以及制药、化学和其他车辆制造这些行业集团创新率最高。与欧洲其他国家相比，德国在这一指标中继续占据最高位置。

创新成就是指公司以创新产品创造的销售份额。2016 年，德国经济通过产品创新实现了 7190 亿欧元的销售额——比上一年增长约 3% 。2016 年新产品在总销售额中所占份额与上一年相比几乎没有变化，为 13.6% 。产品创新的销售份额高于平均水平的企业，集中在研发密集型行业（汽车制造、电气行业和机械制造）。

新市场标志着一个更高的创新程度，因为相应的创新此前还没有在市场上提供过。超过 8% 的德国公司成为最早的市场创新的供应商。由此产生的销售额约为 1540 亿欧元。2016 年，市场创新约占总销售额的 3% 。

知识经济的国际竞争力反映在研究密集型商品的贸易上。2016 年，研究密集型产品在工业出口总额中所占份额为 46.0% 。其中 16.4% 是采用尖端工艺的产品，29.6% 是采用高价值技术的产品。自 2013 年以来，研究密集型产品在工业商品贸易总额中的份额又开始增加。而在 2013 年之前的几年中，由于大型新兴经济体大量涌入全球贸易流动，从而使得非研究密集型商品在世界贸易总额中相对增加，研究密集型产品在工业商品贸易总额中的份额下降明显。2016 年，德国在全球研究密集型商品贸易中所占份额为 11.6% 。在欧洲，与其他国家相比，德国位居榜首。

中国在全球研究密集型商品贸易中所占份额为 14.6% ，目前是研究密集型商品的最大出口国。

3. 国际定位

德国是世界上最具创新精神的经济体之一。这可以从三个国际创新指数的结果中反映出来——欧洲创新记分牌 、全球创新指数和全球竞争力指数。

欧洲创新记分牌（EIS）是欧盟委员会的一个工具，欧盟凭借此工具研究和评估在实现《欧洲 2020》增长战略目标方面取得的进展。2001 年出现的欧洲创新记分牌，划分了四种类型的指标：框架条件、投资、创新活动和影响力。在 2017 年的欧洲创新记分牌上，在所有欧盟 28 个国家中德国占据第六位，属于创新领袖一组。几年来，德国一直能够在欧洲创新记分牌上保持其良好的地位。欧洲创新记分牌强调德国作为科学和创新场所的吸引力和高性能。德国创新体系的相对优势在于商业投资、创新人才和网络化以及知识产权和创新产品的销售。（参见附录 1 插图 11）

2007 年，美国康奈尔大学、法国的欧洲工商管理学院和世界知识产权组织研制出了全球创新指数（GII）。2017 年，全球创新指数德国排名第九位。此外，自 2012 年以来，德国的创新指数值在记录上一直不断上升。瑞士、瑞典和荷兰在整体指数中名列前茅。在子级指数“创新产出”中，德国在 127 个国家中排名第七位，这是一个引人注目的位置。这表明了德国的研究与创新系统在将研究成果转化为适销对路的创新产品的效能。德国经济在研发支出和专利活动中所占比例很高，这显示出德国的特殊优势。此外，创新集群的工作也得到了积极的评价。

自 2004 年以来，世界经济论坛的全球竞争力指数（GCI）为约 140 个经济体的整体竞争力进行排名。研究结果发表在《全球竞争力报告》中。在 2017 全球竞争力指数中，用于衡量整体竞争力的指标被划分为 12 个主题（所谓的支柱）。就整体竞争力而言，德国在整体指数中排名第五。全球竞争力指数的一个次级指标明确涉及创新（创新支柱）。在这里，德国位于世界领先的集团中，在次级指标创新上同样也排名第五。瑞士在创新排名中位居第一。德国与美国、日本和瑞典等发达经济体处于同等水平，领先于中国和韩国。与以上提到的大多数国家不同的是，德国在创新领域的指数值自 2009 年以来得到了积极发展。

第三章 联邦政府的研究与创新政策

一、概况

联邦政府的研究与创新政策以高科技战略为指导。自2006年以来，联邦政府一直将跨部门的研究和创新活动捆绑在高科技战略里。

高科技战略，从创意理念到转化为新的产品和服务，系统地审视整个创新链，从而将创新过程的所有方面和所有参与者结合起来，这些创新与社会有密切的关系：数字化的经济与社会、可持续的经济与能源、创新的工作世界、健康生活、智能流动和国民安全是核心行动领域。在创新过程中，高科技战略越来越注重公民对创新的参与。同时，它还通过新的工具加快了创新向应用的转化，从而促进了经济活力和创新力的发展，并创造了一个有利于创新的环境。在高科技战略实施过程中，始终将中小型企业置于中心，予以特别关注。

近年来，高科技战略帮助德国在全球竞争中的地位得到了极大的提高。我们在研究和创新方面进行了更多的投资。虽然高科技战略最开始主要注重具体技术领域的市场潜力，但从2010年起，它特别考虑到社会需求在未来的解决方案及如何实现。自2014年以来，联邦政府将这些方面整合在一起，并把各方面的研究和创新政策进行通盘考虑。这就为创意理念的产生、将其转化为适销对路的产品和服务、创造更多价值和新的就业潜力创造了最优环境。

并且，高科技战略得到了《研究和创新协议》和《卓越战略》以及2017年公布的《联邦政府教育、科学和研究国际化战略》等其他战略的支持。

二、研究重点

德国作为一个研究和创新之地，在全世界享有盛誉。今天，尖端研究确保了可持续增长，并为解决未来的全球挑战铺平了道路。开辟新的道路，发现未知，改善已知的东西，是德国研究人员的动力。

联邦政府以其“高科技战略”确定了研究和创新方面的优先主题。“高科技战略”的核心是汇聚起来的未来的优先任务，这些任务的特点是强大的创新活力，它们将是未来经济增长和繁荣发展重要推动力的来源。高科技战略的目的是使德国成为应对全球挑战的先锋，并对 21 世纪的紧迫问题交出令人信服的答案。为此就必须加强经济的创新实力和增长潜力，并确保专业的、适应未来的就业机会。

联邦政府的研究与创新政策侧重于关键技术的提升、自然科学基础研究以及处理教育和社会领域的重要交叉议题，例如：通过教育实现人口的变化和融合。研究和创新政策涉及范围极为广泛，涵盖了数字化和关键技术、可持续性、气候和能源、工作、生产和服务、健康和营养、(出行)流动性、安全、关于宇宙和物质以及社会和教育的基础研究等方面。

三、网络化和转化

企业的合作优势正日益成为一种竞争实力。联邦政府的目的是加强企业、大学、非大学研究机构和社会其他参与者之间在思想、知识和技术方面的相互交流和转化。促进网络工程和集群的发展是合作的重要基础，创新进程的开放正日益成为人们关注的焦点。

“顶级集群竞争”、促进“顶级集群和可比网络的国际化”的措施、“进行—集群”项目和“研究校园”提案促进了专题导向和成果导向的科学、商业和社会之间的战略合作。为了更好地利用应用科技大学的创新潜力，联邦教育与研究部通过“应用科技大学的研究”这一项目，支持应用科技大学和企业在应用型研究方面的研发合作，以及促进青年科学家的培养。通过调整《研究和创新协议》并将其延续到 2020 年，联邦政府和州政府同心协力，努力加强科学研究机构的网络活动和转化活动。

此外，联邦政府与各州开始实施《创新的大学》的资助提案，支持大学与其所在地保持长期的稳固关系，进一步加强大学作为区域创新推动器的战略作用。

从研究到市场或社会应用的路径应在未来变得更短、更快。首先就是要填补基础研究的初步结果与可能的应用之间的创新空白。联邦教育与研究部的资助措施《验证科学研究的技术和社会创新潜力 VIP^{+}》，支持研究人员在早期阶段验证其研究成果的创新潜力，开发相关的经济或社会应用领域。为了进一步加强应用和技术转化，

2016年初，联邦经济与能源部将专利活动和标准化活动捆绑在《通过专利和标准进行知识和技术的转化》的措施中。

四、经济中的创新动力

政府的研究和创新资助特别侧重于扩大进行创新的、增长快的中小企业的范围。高效和有创意的公司增强了德国经济的创新力量，我们必须发掘创新潜力，特别是在中等企业和手工业部门、以技术为导向的创业企业以及结构薄弱的地区。

德国的企业，特别是中小型企业，得到了高效的研究和创新资助制度的支持。这些是在联邦经济与能源部的支持下，按照“从创意到市场成果”的主导原则通过捆绑四个项目，以及在联邦教育与研究部的10点方案“中小型企业优先”的条件下进行的。此外，对于有特殊技术项目的中小型企业还进行有针对性的帮助。

一个经济体的创新动力受到企业开创时期的重大影响。在研究和知识密集型部门，创业对增长和就业的贡献高于平均水平，但企业在开创时期往往资金不足。“生存”“投资”“出发—生态”“创始人数字创新大赛”以及“高科技创始人基金”和“合作伙伴”这些项目激发了企业创业时的创新动力，特别是在新技术发展的早期阶段，这样就加强了德国风险投资的竞争地位。随着2017年批准的五点计划《获得更多创业机会》，联邦教育与研究部将逐步扩大创业启动资金。

在结构薄弱地区，将开发创新潜力，以增强那里的创新力、经济增长并提高就业。在2017年9月联邦内阁批准通过的《联邦政府关于从2020年开始进一步发展德国国内结构薄弱地区资助体系的进度报告》中，促进创新是新资助体系的核心组成部分。《新联邦州的企业—区域创新方案》以多种成功的方案模式促进新联邦州成为具有高度创新活力和国际竞争力的地区。通过《创新和结构变革》框架方案，资助方案将最晚在2020年在全国范围内进一步展开。“改善区域经济结构的共同任务”这一区域资助项目有助于在德国东部和西部结构薄弱地区实现技术及投资的政策目标。

五、有利于创新的框架条件

联邦政府致力于创造一个有利于创新的框架条件。其中包括确保基本的熟练技术人员，提供充足的融资机会，以及公平竞争的环境和有利于创新的协调机制。这样，好的创意就能发展起来，转变成为经济上的成果。

确保基本的熟练技术人员是德国未来的中心任务之一。对此企业和社会伙伴是有需求的，而政治和社会也是一样。通过各种跨部门的举措，联邦政府正在采取全面和系统的办法确保熟练技术人员。

作为风险资本投资的地方，德国应该具有国际竞争力。通过各种措施，联邦政府激励对创新公司和创意进行投资。规范化和标准化以及有效的衡量体系是经济和创新政策的不可或缺的组成部分。消除非关税壁垒，以及标准和规范的国际统一是当前多边和双边谈判的主题。

由于公共采购每年的成交量超过 3000 亿欧元，公共采购可以推动经济的巨大创新。因此，由联邦经济与能源部资助的公共采购管理中心通过为公共采购负责人提供咨询意见，由他们授予采购合同，借助市场促进创新。

知识的传播是研究和创新的推动力。通过《2014—2017 数字议程》，联邦政府为自己确定了任务，即促进科学信息无阻碍地流动，从而促进科学系统内部的知识传播以及知识向经济的转化。联邦教育与研究部在 2016 年提出了“开放—获取—战略”，并正在采取一系列措施促进其发展。因而开放获取成为科学出版的标准。同时，现代的开放获取方式和开放创新方式尤其为中小型企业提供了极大的空间，使他们可以对问题采取基于知识的解决方案，积极开拓新的市场机会。

六、透明度和参与

为了提高德国的创新实力，一方面，国家和企业方面的研究投资是必不可少的，另一方面，有关各方必须参与建设创新进程。因此，联邦政府在“高科技战略”里致力于增加所有参与者——从科学界到企业再到公民——对创新进程的参与。

就新技术和新发展进行共同创造和早期公开对话，充分的信息准备工作是其先决条件。“创新和技术分析”项目专注于未来五年，分析了新技术和社会发展的机遇和风险。作为《战略预见》组成部分的《展望进程》，形象地显示了社会可能会有怎样的长期变化。

科学传播的任务是，以通俗易懂的方式呈现研究成果和创新过程。对话形式在这方面发挥着重要作用，并且日益成为“科学年”的特色。2016—2017 年的海洋科学年阐明了科学和研究对海洋的养护和可持续利用的贡献。

联邦政府通过公民对话和跨学科研究，促进创新锚定社会的中心位置。针对研究和科学未来方向的“未来论坛”有助于将公民的经验纳入政治决策，“公众科学”项目的推广吸引社会积极参与研究，各方参与的议事程序的使用确保创新和研究方案以需求为导向，通过科学、经济和社会共同参与主题设计，提高了社会对资助方案的接受和认识，同时也激发了创新力量。

第四章　研究与创新方面的国际合作

一、概况

一个成功的研究与创新体系必须面向国际，才能从全球知识中受益。为了德国研究和创新体系的成功，重要的是要有能力为国际贸易创造有利于科学和创新的框架条件，并开发世界资源。为此，联邦政府近年来进一步制定了战略指导方针，强化了对外科学政策和科学发展政策的措施，深化了与世界伙伴国家的合作。

2017 年公布的《联邦政府教育、科学和研究国际化战略》为德国在教育、科学、研究和创新方面的国际合作创造了框架条件。这是联邦政府 2008 年发布的《联邦政府科学和研究国际化战略》及《高科技战略》的进一步发展。

欧洲的参与对联邦政府特别重要。欧盟成员国在欧洲研究区的联合行动，让欧洲相对于世界其他大型创新区域获得了更大的知名度和更大的影响力。作为德国国家研究方案的补充，欧洲研究和创新框架方案《地平线 2020》是世界上最大的研究和创新资助方案，供资总额为 770 亿欧元。除《地平线 2020》外，体现欧盟凝聚力政策的《欧洲结构和投资基金》是欧盟在研究、技术开发和创新方面的最重要的投资来源。

德国正在加强与全世界主要伙伴国家的双边合作。尤其与发展活力充沛、拥有重要未来市场的国家更是如此。德国参与多边倡议和机构以及非正式论坛的目的是产生长期影响。这方面的例子有：参加经济合作与发展组织和联合国教科文组织，以及参加七国集团和二十国集团的论坛。

二、研究和创新国际化的目标和优先事项

自 2017 年 2 月以来，《联邦政府教育、科学和研究国际化战略》为德国在这些领域的国际合作提供了框架。在对教育、科学和研究日益全球化和

数字化，欧洲研究区的发展，以及对已有的科学场所之外新形成的全球创新中心进行全盘考虑之后，《联邦政府教育、科学和研究国际化战略》确定了目标和优先事项。

2008 年，联邦政府首次确定了科学、研究和创新领域开展跨界合作的战略目标。通过《国际合作行动计划》，联邦教育与研究部评估了 2014 年之前的国际化成果，并为进一步实施和发展国际化战略做出了重要调整。评估显示，在过去 10 年中，新的挑战出现了甚或加剧了。其中包括如：融入全球知识流动、设计日益复杂的跨界价值创造链以及全面扩展的数字流程和程序。

2017 年的国际化战略确定了关于尖端研究、创新、教育和技能、与发展中国家和新兴国家合作以及应对全球挑战五个目标。与 2008 年的国际化战略相比，联邦政府新加入了“在国际上扩大教育和专业培训”的补充目标，这是一项重大创新。之所以这样做，是因为考虑到职业教育和培训在德国与国际伙伴合作中变得越来越重要。

联邦政府目前战略的主旨是“国际合作：互联和创新”。它遵循的总体目标是，将科学、经济和政治的不同层次的行动以及不同的参与者聚集在一起并形成网络。为此，联邦政府设立了一个高级别的“教育、科学和研究国际化”的圆桌会议。圆桌会议的核心目标是，确定教育、科学和研究方面国际合作的现有需求，并进行协同行动，例如加强跨部门合作（“协同项目”）。

三、德国在欧洲的作用

欧洲科学研究在科学上的卓越表现、经济成就和国际竞争力是以成员国、其研究机构和企业之间的合作为基础的。“欧洲研究区”作为一个政治概念，为知识和研究人员创造了一个共同的框架。对德国来说，扩大欧洲研究区是一个高度优先事项。欧盟《研究和创新框架方案》是一个重要的控制和融资工具。德国的研究机构和企业积极参与了该方案。

随着《里斯本条约》的签订，自 2009 年 12 月以来，实施“欧洲研究区”一直是欧盟的首要法律目标，即欧盟最高级别法律的一部分。在“欧洲研究区”——类似内部市场的基本自由——研究人员和创新者的迁徙自由应该得到保证，科学知识、技术和创新的自由交流应得到保障。“欧洲研究区”不仅仅是成员国研究活动的总和，欧盟成员国、欧盟机构和研究组织正在以伙伴关系的方式，努力改善跨界研究和创新格局的框架条件。为此，联邦政府于 2014 年 7 月单独通过了一项《联邦政府关于欧洲研究区的战略》，目的是实现“欧洲研究区”的六个优先事项。

欧盟研究和创新框架方案《地平线 2020》是世界上最大的研究和创新资助方案。德国积极参与了《地平线 2020》的资助措施，也积极参与了《欧洲加强技术合作提案》、欧洲之星和欧洲科学与技术网络资助机构的活动。

除《地平线 2020》外，体现欧盟凝聚力政策的《欧洲结构和投资基金》是欧盟在研究、技术开发和创新方面的主要投资来源。“伊拉斯谟$^{+}$”是 2014 年开始的一项欧盟教育、青年和体育的联合项目。德国还进一步深化了与欧洲选定伙伴国家的双边和多边合作。

四、世界范围的合作

德国的研究格局及其研究参与者，传统上与全世界联系非常紧密。德国科学家过去和现在都是流动的，来自其他国家的研究人员也是德国的常客。这种国际交流的广度和深度正在迅速增加，通过多样化的合作，德国在全球化的世界中发挥着关键作用。

德国与许多国际伙伴一起为合作建立了可靠的框架。合作既在政府、行政部门和中介组织层面进行，也在研究机构和大学层面进行。在每一种情况下，都必须考虑到伙伴国家的特点和德国具体的需要。双边合作的最重要基础是关于科学和技术合作的协议或职业教育和培训合作的协议。

德国研究和创新政策的目标是，着重与拥有具有战略重要性的科学和技术资源的国家进行合作。这一方面适用于工业化国家，另一方面也适用于新兴国家——特别是金砖国家，即巴西、俄罗斯、印度、中国和南非这五个国家。与选定的，能通过迅速行动改善其发展状况的国家进行合作，变得日益重要。

在与中东和北非这类区域和世界区域机构组织（如东盟、非盟、南方共同市场）的研究和教育政策合作中，德国越来越注重各个区域的特点并采取针对性的措施。此外，德国正在承担其全球责任，将自己的专业知识奉献给国际组织和论坛（如经合组织、七国集团、联合国）。例如，德国在担任七国集团主席期间于 2015 年启动的“海洋的未来”专题，在 2016 年和 2017 年七国集团科学部长的后续会议上得到了进一步发展。

第五章　联邦政府和各联邦州之间的合作

一、概况

促进科学研究是国家、企业和社会的任务。联邦政府和各州在这方面进行合作。由联邦政府提议并于2015年1月1日生效的《基本法》第91b条修正案，扩大了联邦政府和各州在科学领域进行合作的机会。联邦政府和各州现在可以比以前更有效地共同确定合作的重点事项并制定明确的方针，以提高德国科学体系的性能，并使德国科学在广度和尖端性方面表现更为卓越。

在联邦共和国的联邦体系中，促进科学和研究的责任只在少数情况下是由联邦政府单独负责的。例如，联邦政府只在培训补助金和研究资助领域拥有立法权（《基本法》第七十四条第一款之第十三项）。而高等教育主要是各联邦州的责任（《基本法》第三十条和第七十条）。

然而，联邦政府和各联邦州可根据《基本法》第91b条第一款在共同任务的框架内，在共同约定的基础上，在促进跨区域的知识、研究和教学方面进行合作。

联邦政府与联邦州商定的目标是，共同支持在科学体系中确立重点事项，并形成特色，以进一步改善德国科学体系的性能。在此背景下，联邦政府和各联邦州在21世纪初联合发起了《卓越提案》《研究和创新协议》和《高等教育协议》。这些科学协议产生了很大的推动力，显著增强了德国科学体系的性能。因此，2014年12月，联邦和州政府同意继续实施这些协议。

为了加强德国未来的能力，2016年通过了拓展了的大学总体一揽子计划。它包括《卓越战略》《促进青年研究人员方案》（终身跟踪方案）和联邦政府与联邦州合作的资助方案《创新大学》。

二、卓越战略

从 2018 年起，在联邦政府和各联邦州商定的《卓越战略》的框架内，德国大学的尖端研究将会得到资助。这是第一次利用《基本法》第 91b 条款提供新的可能性。通过《卓越战略》，联邦政府和各州希望确保德国大学在国际竞争中处于更加有利的地位，并在科学研究中取得顶级的成就。与它的前身《卓越提案》不同的是，它是没有时间期限的，是经过批准无限期的。

2005 年，联邦政府和各联邦州共同推出了《卓越提案》，以促进大学里青年科学家的培养，以及促进尖端研究和大学研究。这样就增加了大学对大学生及科学家的吸引力。截至 2017 年 10 月，《卓越提案》在两轮周期内对大学里优秀的项目和机构提供了资助，支出总额为 46 亿欧元。目前，时限长达最多 24 个月的过渡资金正在实施。《卓越提案》在资助的大学里产生了明确的指导作用，并对整个德国科学体系产生了积极影响。这些在 2016 年通过一个国际专家委员会（因博登委员会）的独立评价得到了证实。

在《卓越战略》中，作为可支配预算的一部分，每年为大学提供 5.33 亿欧元资金。联邦政府和大学所在的联邦州以 75∶25 的比例承担这些资金。《卓越战略》的联合资助的对象包括大学开展的与科学有关的活动，以及在跨区域情况下，大学与合作伙伴开展的科学活动，有卓越集群及精英大学两条资助路线。

“卓越集群”通过项目资助，在大学或大学协会促进相关研究领域国际竞争力的提升。“卓越集群”每七年定期做一次广告，原则上，每个项目的资助期限为两个七年。在这期间可以提出新的申请。拥有卓越集群的大学可以以战略津贴名义申请一次性支付，以强化其战略引导和战略方向意义。对于卓越集群，每年资助金额高达约 3.85 亿欧元（包括项目一次性支付和大学一次性支付）。对于 45 至 50 个资助案例，估计每个卓越集群每年的资助金额在 300 万至 1000 万欧元之间。2018 年 2 月，大学共提交了 88 份卓越集群申请。2018 年 9 月，将对卓越集群申请的资助做出决定。资助期限从 2019 年 1 月开始算起。

精英大学的资助路线服务于大学的做大做强或作为一个机构的大学协会做大做强，服务于在成功的卓越集群的基础上强化大学在研究方面的国际领先地位。精英大学可以获得长期的资助。获得精英大学资助的前提是，同一所大学至少有获得批准的两个卓越集群，而大学协会至少要有三个获得批准的卓越集群。在第一轮招标中，将选出 11 个精英大学和大学协会。

预计每年约有 1.48 亿欧元的资金用于资助精英大学。对于精英大学申请的资助，将于 2019 年 7 月做出决定。资助从 2019 年 11 月开始算起。第二轮招标的结果有四个申请获得通过，资助将于 2026 年初开始。

三、促进青年研究人员的方案

“青年研究人员资助项目”（终身跟踪方案）旨在帮助提高学术界的职业道路的可预测性和透明度。该项目针对的是大学和同等学院的年轻学者。根据世界大学代表 2014 年 7 月 11 日关于大学职业目标和途径的建议，联邦政府与联邦州合作资助项目首次将终身跟踪教授职位作为独立职业形式，与传统的教授职位程序一起，在德国大学全面覆盖。这样，年轻的科学家应该能够比以前更早地决定是否在科学体系里长期工作。在成功通过试用期后，终身跟踪教授的职位提供了直接过渡到终身教授职位的机会。

联邦政府计划在 2017 年至 2032 年的整个任期内，在可支配预算里提供高达 10 亿欧元的资金，以增加 1000 个终身跟踪教授职位。将终身跟踪教授职位确立为国际知名和公认的职业道路，目的在于，增加德国科学体系在国际竞争中的吸引力，大力支持大学吸引来自国内外的最优秀的年轻的科学家，并使他们尽可能长期停留。因此，“终身跟踪方案”代表了创新德国的一个结构改革项目。

各大学提交的申请将分两轮（2017 年和 2019 年），在科学原则主导的甄选过程中决定。甄选委员会由学术界专家、大学管理层的专家以及青年科学家的代表以及联邦政府和各州的代表组成。在第一轮审批中，将为 34 所大学提供 468 个终身跟踪教授职位的资助。第二轮的资助公告计划于 2018 年夏季公布。

四、创新大学

联邦政府与各联邦州的合作资助方案“创新大学”支持在大学进行以研究为基础的思想、知识和技术转化。它主要针对中小型大学和应用科技大学，这些大学已经有了与企业和社会合作的连贯一致的战略，以及思想、知识和技术的转化方面的结构和经验。大学除了教学和研究外，资助方案将转化和创新作为它的“第三个使命”予以强化。

大学的技术创新和公益创新是社会繁荣和生活质量的推动力。联邦政府和各联邦州政府在 2016 年通过了《创新大学》方案，以促进基于研究的思想、知识和技术的转化，以便通过对各个学科的研究，为解决经济和社会面临的紧迫挑战提供更为有效、更有创意的解决方案。

此外，联邦政府与各联邦州合作的资助方案也可促进大学与企业及其他社会团体合作的战略发展和战略扩张，从而加强大学在区域创新体系中的战略作用。

联邦政府与联邦州合作的资助方案使大学有机会：

(1)进一步发展和落实整个大学及选定的专题领域的思想、知识和技术的转化的战略方针；

(2)优化转化结构；

(3)加强与区域环境的联系；

(4)从战略上调整已经有的转化工具；

(5)建立和扩大与经济、文化和社会的创新合作形式。

《创新大学》资助方案在可支配预算中配额高达 5. 5 亿欧元，并一直持续到 2027 年。这笔资金由联邦政府和大学各自所在的联邦州按 90: 10 的比例提供。

五、研究和创新协议

《研究和创新协议》是联邦政府和各联邦州政府之间加强联合资助大型科学机构的核心协议。该协议结合了共同的研究政策目标、财务规划安全和改善了的框架条件，以可持续的方式加强德国科学和经济的地位，并提升其国际竞争力。

2005 年，联邦政府和各州政府通过了《研究和创新协议》，并在随后几年实施。最近又把它延期到 2016 年至 2020 年。此协议使弗劳恩霍夫促进应用研究协会、赫尔姆霍兹德国研究中心协会、莱布尼茨科学协会和马克斯 · 普朗克科学促进协会获得了财务规划安全。这是通过商定定期增加基本资金来保证的。作为回报，接受资助的机构有责任执行研究政策目标，如何实现这些目标由各机构自行安排决策。财务规划安全使他们可以自由制定战略措施，扩大现有的和发展新的工具。《研究和创新协议》有以下研究政策目标：

(1)推动科学体系的发展；

(2)推进科学体系网络化；

(3)深化国际合作与欧洲合作；

(4)加强科学与经济和社会的交流；

（5）为德国科学发展获取最好的人才；

（6）确保机会平等和关爱家庭的社会结构和流程。

联邦政府和各州政府正在努力——在与各机构进行年度预算谈判的前提下，在立法机构提供资金的情况下——将个别科学机构的年度资助增加3%。在2016至2020年之间，联邦政府自行承担这个增加额。在此期间，在现有预算内，总共将为研究额外发放约39亿欧元的资金。

在年度监测中，联合科学会议审查了取得的进展，并根据科学机构的年度报告进行了评估。

六、2020高等教育协议

《2020高等教育协议》于2007年夏季获得批准通过，随着政府首脑在2014年12月11日做出决定而进一步延续。联邦政府和各州政府借助于这一协议，创造条件，提供充分的和基于需求的进入大学学习的机会。《高等教育协议》以及联邦政府和各州政府的其他行动首先为德国技术人员的长期发展做出了重大贡献。《2020高等教育协议》以三大支柱为基础：

（1）新增学生入学方案；

（2）德国研究基金会计划津贴；

（3）教学质量协议。

《新增学生入学方案》确保所有学生，即使在新生人数增加的情况下，也能够上大学。《教学质量协议》有助于改善学习条件和教学质量。《新增学生入学方案》和《教学质量协议》侧重于学习和教学，而《德国研究基金会计划津贴》的目的是加强大学的研究。自2007年以来，计划津贴为德国研究基金会的研究计划的间接、额外和变更项目提供了20%的项目资金。到2015年，联邦政府向德国研究基金会提供了总额约23亿欧元的特别资助金。从2016年1月1日起，新批准的所有项目的计划津贴，占德国研究基金会直接批准和分配的项目资金的22%。由此产生的额外需求由各联邦州按照《柯尼斯斯坦方案》承担。

对于《2020高等教育协议》——在立法机构提供资金的情况下——在2007年至2023年的任期内，联邦政府提供的资助总额为202亿欧元，各联邦州为183亿欧元。

附录 1　报告里相关图表

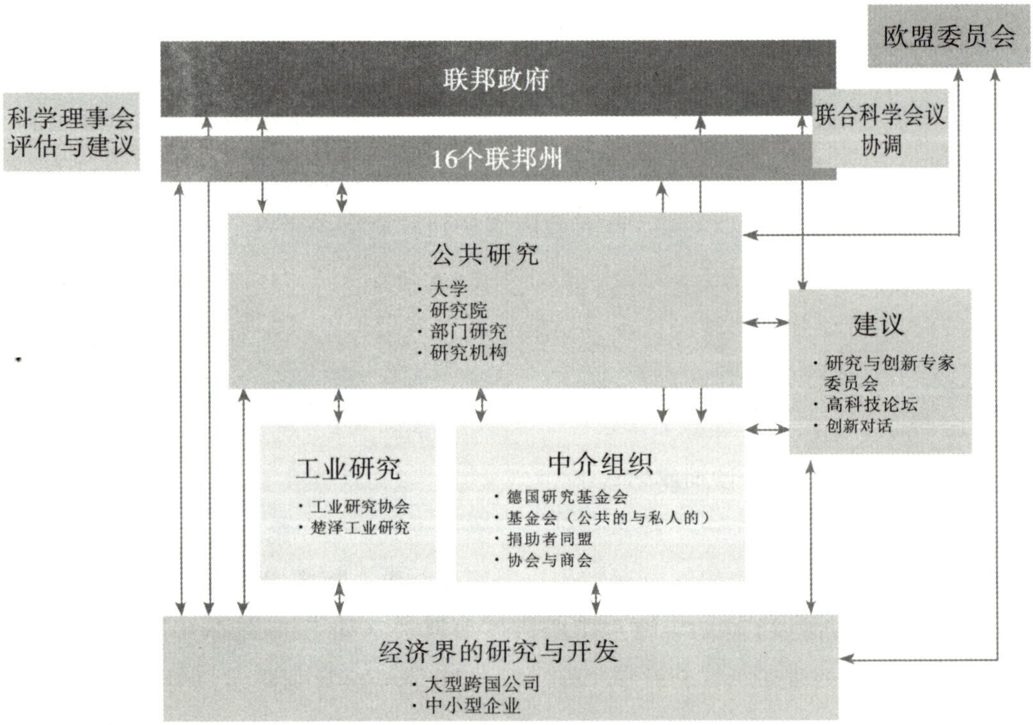

图 1　德国研究与创新系统的参与者

来源：联邦教育与研究部

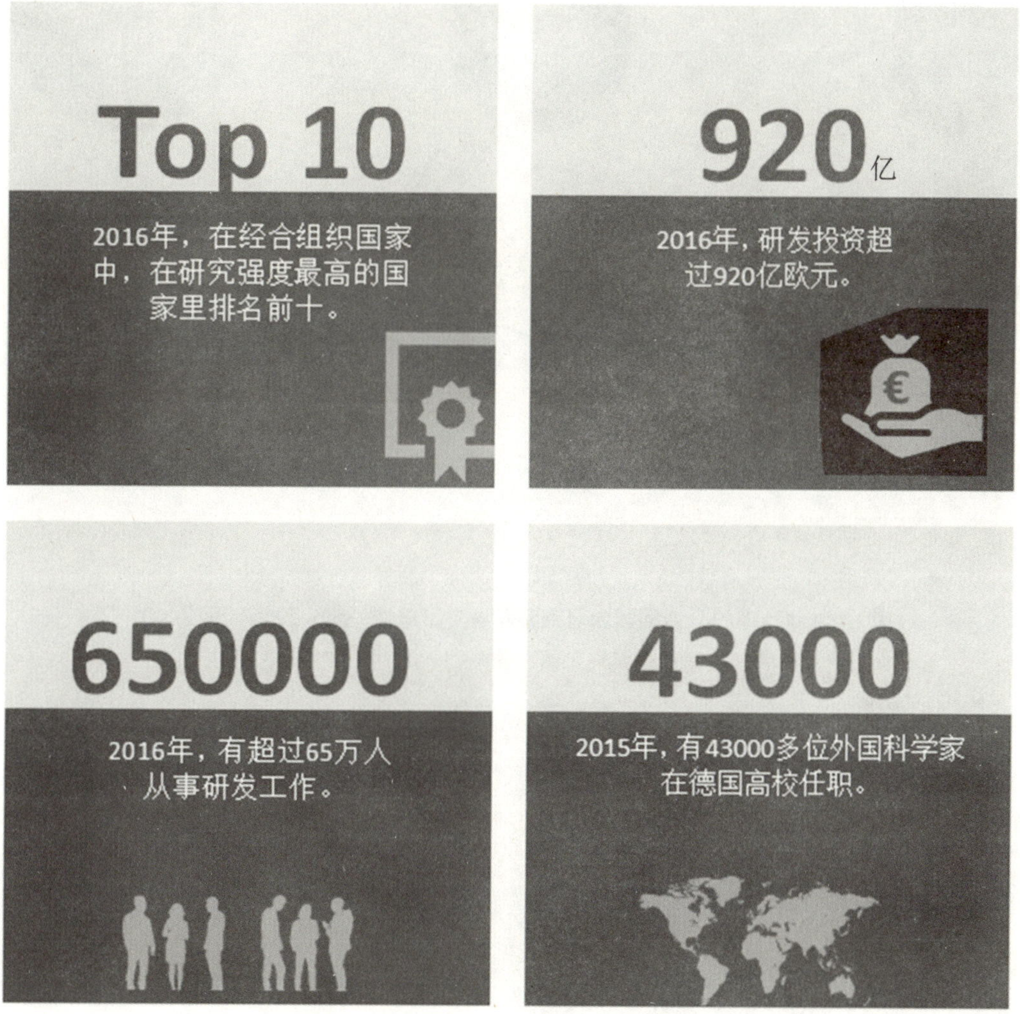

图 2　德国研究与创新的核心指标

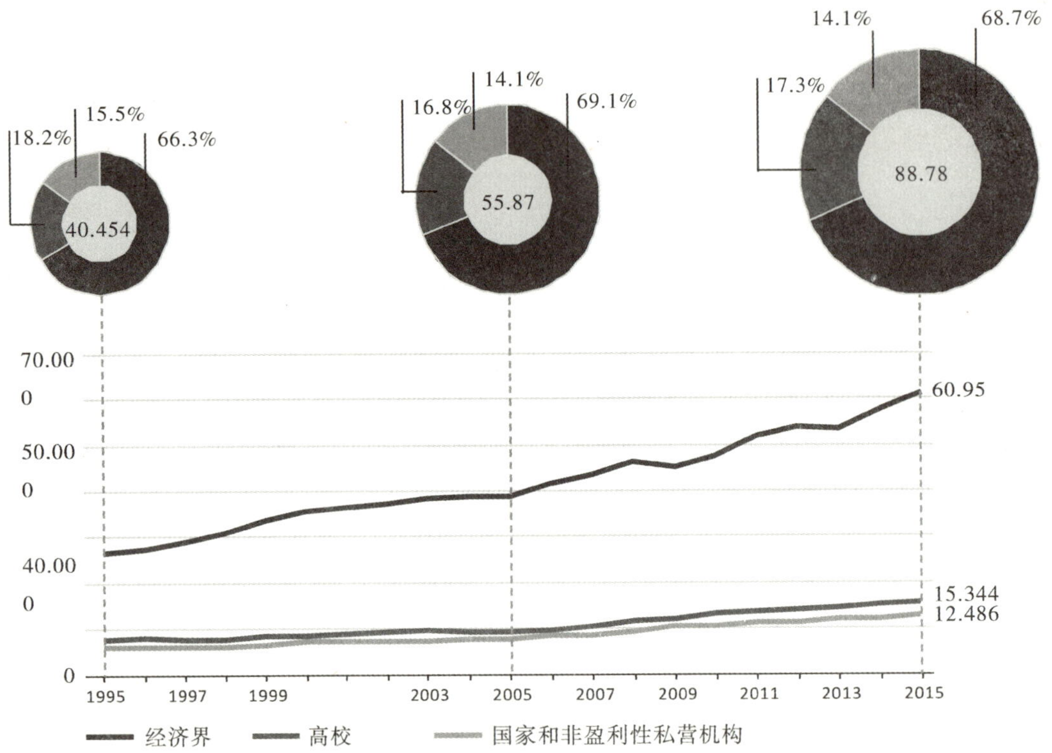

图 3　按执行部门分列的国内研究和发展支出总额（按百万欧元/百分比）

数据来源：联邦教育与研究部数据门户

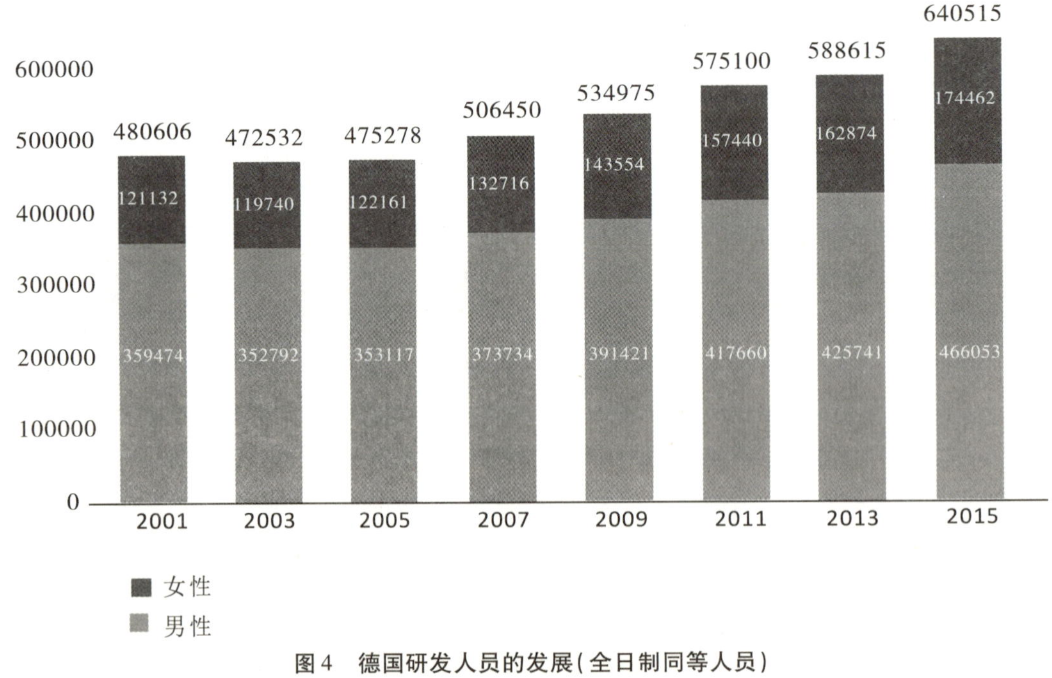

图 4　德国研发人员的发展（全日制同等人员）

数据来源：联邦教育与研究部数据门户　表 1.7.2

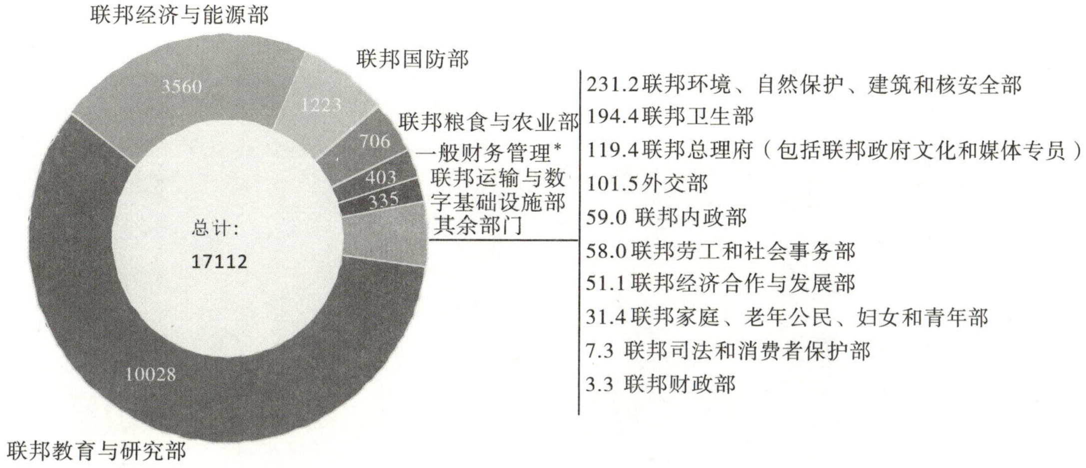

* 一般财务管理是指：无法归属某个部门或由联邦政府全部承担的支出。

图5　2017 年联邦政府各部门研发支出（以百万欧元计，预计）

数据来源：联邦教育与研究部数据门户　表 1.1.4

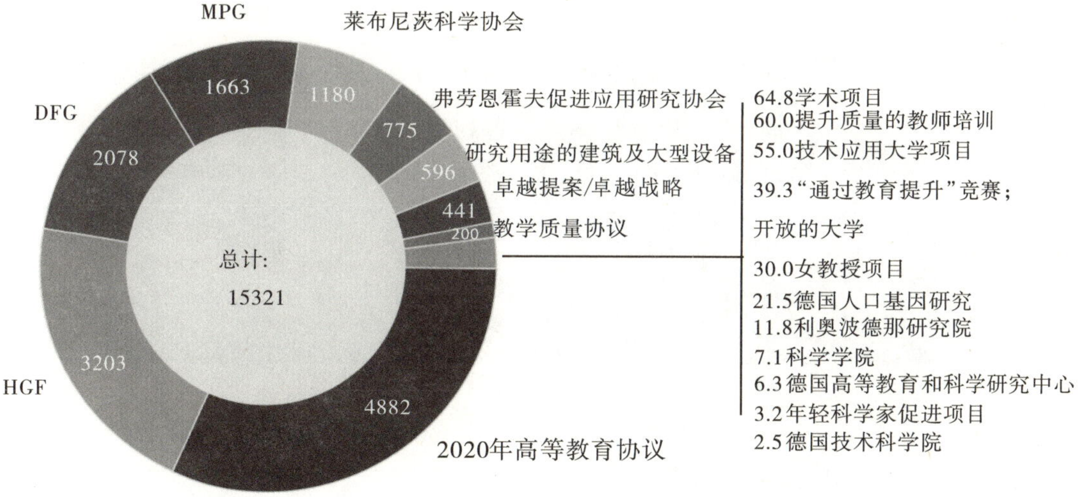

图6　2017 年由联邦政府和各州联合实施的研究资助（以百万欧元计，预计）

数据来源：联合科学会议，联邦教育与研究部数据门户　表 1.2.6

附注：HGF 赫尔姆霍兹德国研究中心协会

DFG 德国研究基金会

MPG 马克斯·普朗克科学促进协会

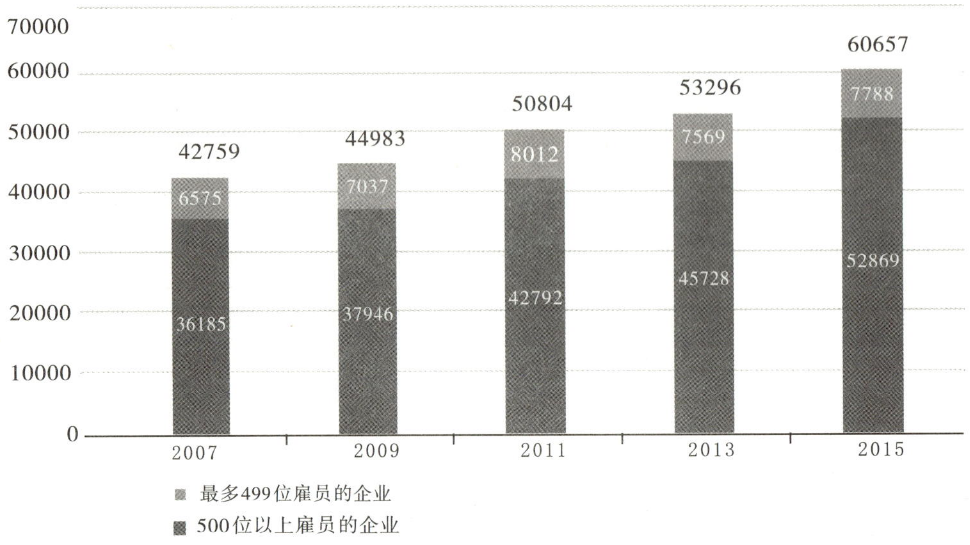

注：存在舍入差异

图 7　经济部门内部研发支出的发展（以百万欧元计）

数据来源：联邦教育与研究部数据门户　表 1.5.2

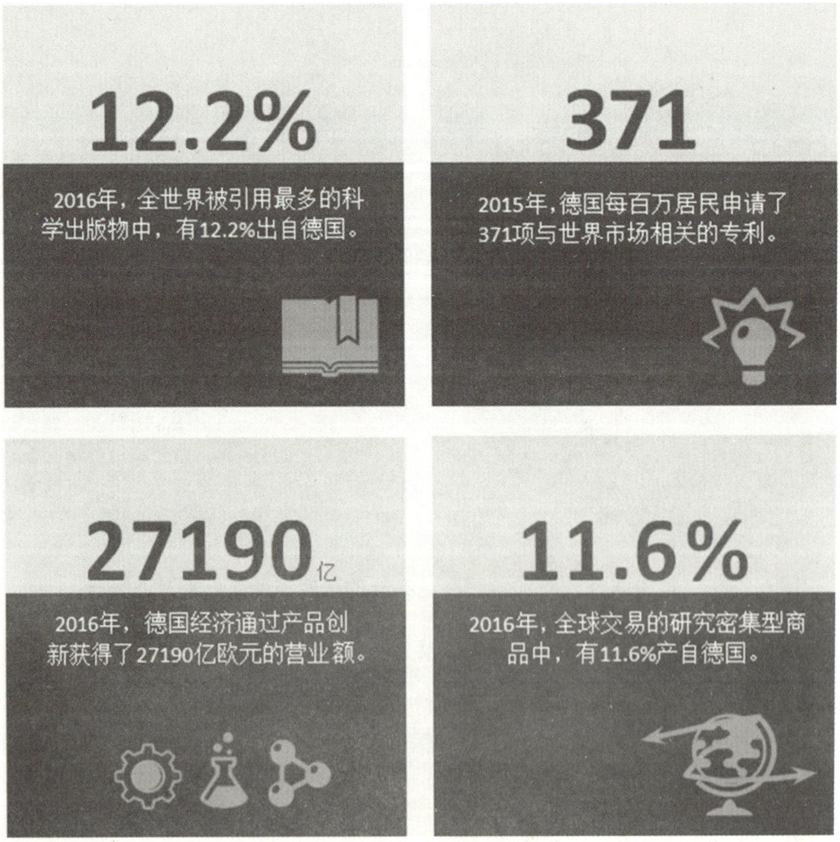

图 8　研发及创新成果的核心指标

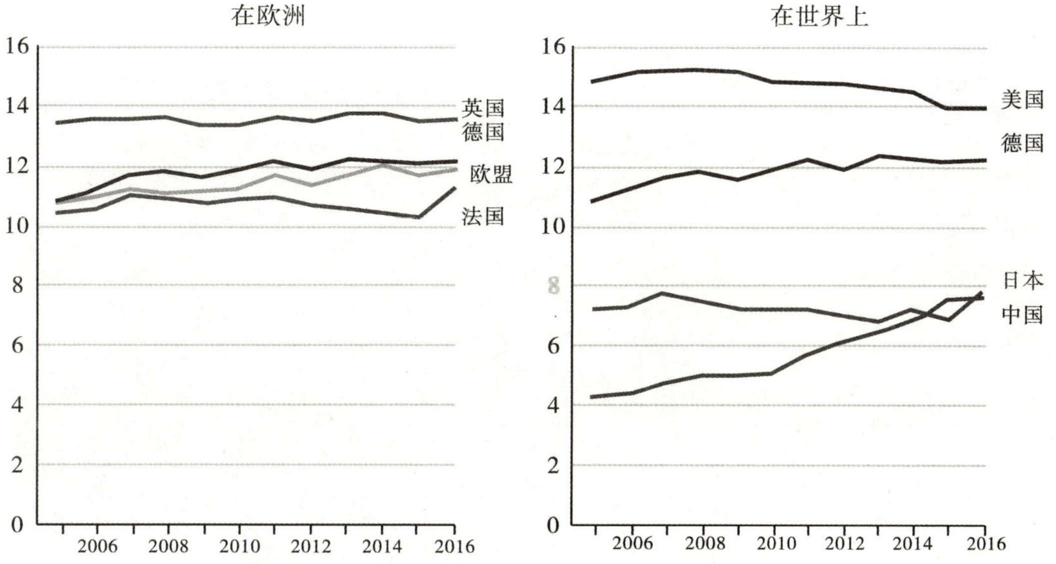

图 9　优秀率(以百分比表示)：德国与世界上其他国家进行比较

数据来源：2017 年经合组织科学、技术及工业记分牌

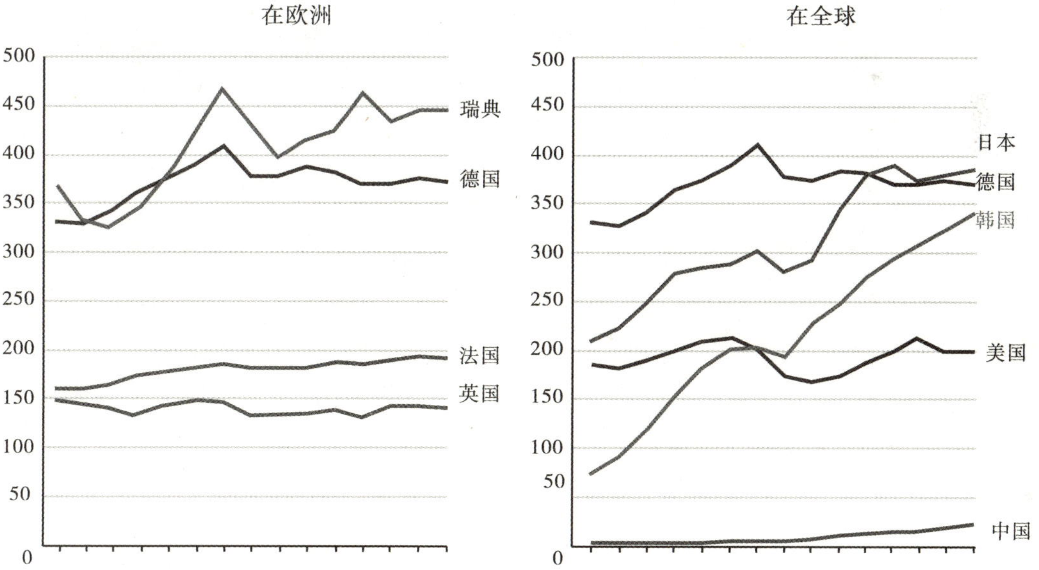

图 10　与世界市场相关的专利(以每百万人口计)：国际比较中的德国

数据来源：联邦教育与研究部数据门户　表 1.8.4

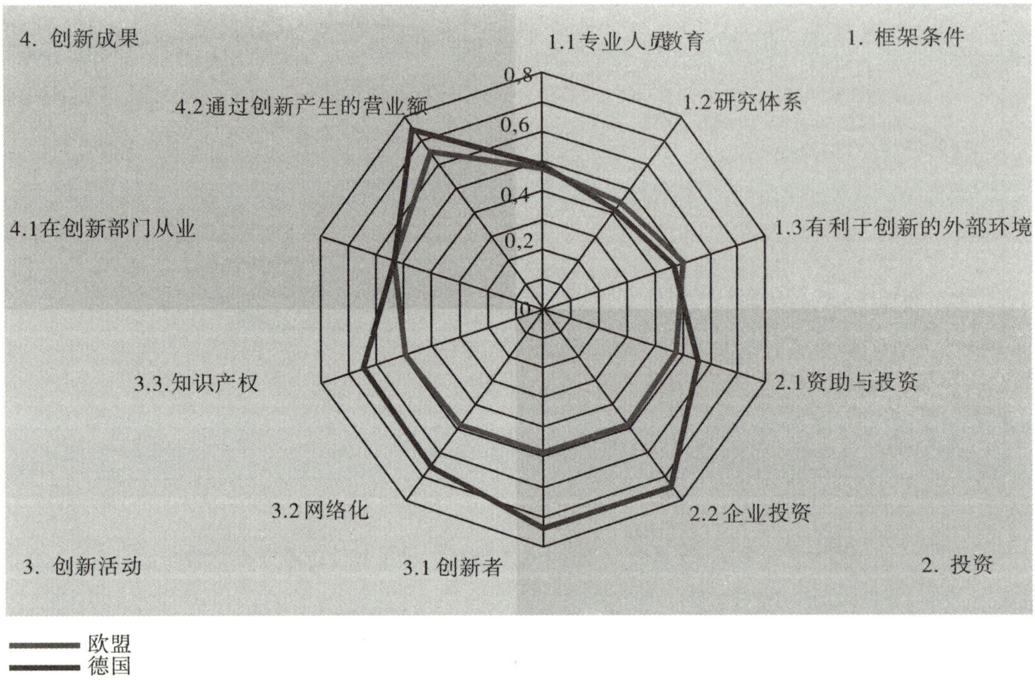

创新维度的特点:0到1之间的标准化数据

图11　2017年欧洲创新记分牌的创新维度

数据来源：2017年欧盟委员会的欧洲创新记分牌

附录2 与德国研究和创新相关的常用缩略语

FuI-System (Das deutsche Forschungs-und Innovations system)德国研究和创新体系

FuE (Forschung und Entwicklung)研究与开发

OECD (Die Organisation für wirtschaftliche Zusammenarbeit und Entwicklung)经合组织

EFI (die Expertenkommisson Forschung und Innovation)研究与创新专家委员会

BIP (Bruttoinl and sprodukt) 国内生产总值

FIS (das Fördernetzwerk Interdisziplinäre Sozialpolitikforschung) 跨学科福利政策研究资助网络

WIR (Wandel durch Innovation in der Region)通过创新进行区域变革

INNO-KOM (Innovationskompetenz)(非营利性工业研究机构的研发资助项目)创新能力

DZG (die DeutschenZentrender Gesundheitsforschung)德国健康研究中心

HTS (die Hightech-Strategie)高科技战略

ZIM (Zentralen Innovationsprogramm Mittelstand)中小企业创新核心计划

IGF (Industrielle Gemeinschaftsforschung)工业合作研究

HPI (das Hasso-Plattner-Institut für Digital Engineering) 哈所—普拉特那数字工程研究所

ÜBS (überbetriebliche Berufsbildungsstätte) 跨企业的职业培训中心

WIPANO (Wissens-und Technologietransfer durch Patente und Normen)通过专利和标准转化知识和技术

FONA (Forschung für Nachhaltige Entwicklung) 可持续发展研究

EIF (European Investment Fund)欧洲投资基金

ERP (European Recovery Programme)欧洲复兴计划

KOINNO (Kompetenzzentrum innovativer Beschaffung)创新采购管理中心

ITA (Die Innovations-und Technikanalyse)创新和技术分析

WR (Wissenschaftsrat)科学理事会

GWK　(die Gemeinsamen Wissenschafts Konferenz)联合科学会议

Acatech　(die Deutsche Akademie für Technik-wissenschaften)德国技术科学院

EFR　(der Europäische Forschungsraum / European Research Area)(ERA)欧洲研究区

IPCC　(Intergovernmental Panel on Climate Change /der Zwischenstaatliche Ausschuss für Klimaänderungen)政府间气候变化专门委员会

EIC　(European Innovation Council / der Europäische Innovationsrat)欧洲创新理事会

NFDI　(die Nationale Forschungsdateninfrastruktur)国家研究数据基础设施

AvH　(die Alexander von Humboldt-Stiftung)亚历山大・冯・洪堡基金会

ValiKom　(Abschlussbezogene Validierung nonformal-und informell erworbener Kompetenzen)对非正规和非正式获得的能力的验证

BBNE　(Berufsbildung für nachhaltige Entwicklung)职业教育促进可持续发展

ESF　(der Europäische Sozialfonds)欧洲社会基金

BIBB　(das Bundesinstitutfür Berufsbildung)联邦职业教育研究所

VerA　(Initiative zur Vermeidung von Ausbildungsabbrüchen)防止辍学的提案

KAUSA　(die Koordinierungsstelle Ausbildung und Migration)培训与移民协调中心

AFBG　(das Aufstiegsfortbildungsförderungsgesetz)晋升培训促进法

IQ　(Integrationdurch Qualifizierung)通过资格认证实现融合

DIHK　(der Deutschen Industrie-und Handelskammertag)德国工商会

ZDH　(der Zentralverband des Deutschen Handwerks)德国手工业中央协会

EAfA　(die Europäische Ausbildungsallianz) 欧洲培训联盟

Fraunhofer　(Fraunhofer-Gesellschaft)弗劳恩霍夫促进应用研究协会

HGF　(die Hermann von Helmholtz-Gemeinschaft Deutscher Forschungszentren) 赫尔曼・冯・赫尔姆霍兹德国研究中心协会

Leibniz-Gemeinschaft　(Die Wissenschaftsgemeinschaft Gottfried Wilhelm Leibniz) 哥特弗里德・威廉・莱布尼茨科学协会

MPG　(Max-Planck-Gesellschaft) 马克斯・普朗克科学促进协会

GYA　(Global Young Academy)国际青年学院

MINT　(Mathematik, Informatik, Naturwissenschaft und Technik 首字母缩写)数学、计算机科学、自然科学和技术

EC (Excellence-Center) 卓越中心

DFG (die Deutsche Forschungsgemeinschaft) 德国研究基金会

GWK (die Gemeinsame Wissenschaftskonferenz) 联合科学会议

AiF (Arbeitsgemeinschaft industrieller ForschungsvereinigungenOtto von Guerick) 奥托·冯·格里克工业研究联合会工作组

Zuse-Gemeinschaft (Die Deutsche Industrieforschungsgemeinschaft Konrad Zuse) 康拉德·楚泽德国工业研究基金会

DLR (das Deutsche Zentrum für Luft- und Raumfahrt) 德国航空航天中心

EUREKA (Initiative für verstärkte technologische Zusammenarbeit in Europa) 加强欧洲技术合作提案

BMBF (Bundesministerin für Bildung und Forschung) 德国联邦教育与研究部

BMWi (das Bundesministerium für Wirtschaft und Energie)联邦经济与能源部

BMVg (das Bundesministerium der Verteidigung) 联邦国防部

BMEL (das Bundesministerium für Ernährung und Landwirtschaft)联邦粮食与农业部

BMVI (das Bundesministerium für Verkehr und digitale Infrastruktur)联邦运输与数字基础设施部

EPA (das Europäische Patentamt)欧洲专利局

ZEW (das Zentrum für Europäische Wirtschaftsforschung)欧洲经济研究中心

EIS (European Innovation Scoreboard) 欧洲创新记分牌

GII (der Global Innovation Index) 全球创新指数

GCI (der Global Competitiveness Index)全球竞争力指数

WIPO (der World Intellectual Property Organization) 世界知识产权组织

WEF (World Economic Forum)世界经济论坛

WTZ (wissenschaftlich-technologische Zusammenarbeit) 科学技术合作

INSEAD (französischer Business School)(法国)欧洲工商管理学院

MENA (Middle Eastern & Northern Africa)中东和北非地区

ASEAN (Association of Southeast Asian Nations) 东盟(东南亚国家联盟)

AU (African Union)非盟